广州与詹天佑

广州市荔湾区国家档案馆
广州市荔湾区地方志编纂委员会办公室　编著

南方日报出版社
NANFANG DAILY PRESS
中国·广州

图书在版编目（CIP）数据

广州与詹天佑 / 广州市荔湾区国家档案馆，广州市荔湾区地方志编纂委员会办公室编著. — 广州 ：南方日报出版社，2023.12（2025.5重印）
ISBN 978-7-5491-2728-3

Ⅰ. ①广… Ⅱ. ①广… ②广… Ⅲ. ①詹天佑（1861-1919）—生平事迹 Ⅳ. ①K826.16

中国国家版本馆CIP数据核字(2023)第167957号

GUANGZHOU YU ZHANTIANYOU
广州与詹天佑

编　　著：广州市荔湾区国家档案馆　广州市荔湾区地方志编纂委员会办公室
出版发行：南方日报出版社
地　　址：广州市广州大道中289号
出 版 人：周山丹
责任编辑：曹　星　黄敏虹
责任技编：王　兰
装帧设计：肖晓文
责任校对：朱晓娟
经　　销：全国新华书店
印　　刷：广州市岭美文化科技有限公司
开　　本：787mm×1092mm　1/16
印　　张：8.75
字　　数：125千字
版　　次：2023年12月第1版
印　　次：2025年5月第2次印刷
定　　价：68.00元

投稿热线：（020）87360640　读者热线：（020）87363865

编委会

序

2023年是詹天佑诞辰162周年。詹天佑为中华民族的铁路事业作出过奠基性贡献，詹天佑的爱国精神、科学精神、奋斗精神，仍在世界闪耀着光芒，激励着中国人民奋勇向前。

詹天佑曾祖父詹万榜，在1757年广州实施对西洋一口通商后的第三年，就来到广东省城经商，定居于大北门拱宸坊。祖父詹世鸾，承继其父在广东的商业，做强做大，迁居到西门外十二甫。詹天佑在十二甫出生，从这里走出国门赴美留学，又从美国毕业返回，回到广州十二甫，再从广州往天津，投身其从此终身为之奋斗的中国铁路事业。

近几十年来，詹天佑都有后人生活在广州。1993年，詹天佑之孙、首任北京詹天佑纪念馆馆长詹同济先生拿着家谱查找十二甫的詹天佑故居，找到广州市荔湾区地方志编纂委员会办公室（现并入广州市荔湾区国家档案馆），开启了广州认识詹天佑、学习詹天佑、记述詹天佑的工作。三十年来，广州市荔湾区地方志编纂委员会办公室收到詹天佑之孙詹同伟先生提供的詹天佑亲修家谱复印件，得到北京詹天佑纪念馆提供的詹天佑历史照片和复制文物、在澳门生活的詹天佑之孙詹同保先生提供的相关文物照片、中山图书馆以及广州图书馆提供的馆藏詹天佑有关图书、詹天佑留美同学和广州老乡梁普照之孙梁赞勋先生提供的詹天佑相关文物……这些历史文物，勾画出一个饱满的詹天佑历史形象。在此特别感谢社会各界及詹天佑故居纪念馆对本书史料内容的大力支持。

本书选辑了詹天佑在自修家谱中关于自己履历的记述、詹天佑之长女婿王金职先生的长篇悼念回忆文章、詹天佑之后的中国著名铁路工程师淩鸿勋先生的詹天佑年谱编后感言、1911年詹天佑在广州经历历史动荡的真实历程，以及詹天佑在广州有过交往的老师邝其照，首任粤路总办郑观应和副办黄景棠，詹天佑在广州的留美同学梁普照、梁普时、梁诚，詹天佑的广州学生汤廷光、曹汝英、潘应祺等相关人物简介，试图以从未有过的角度，记述詹天佑在广州丰满而真实的生活。

广州是中西文化交汇的枢纽。詹天佑是广州历史长河上一颗永远璀璨的明星。

编者

2023年10月

目 录

第一部分
詹天佑在自修家谱中的记述

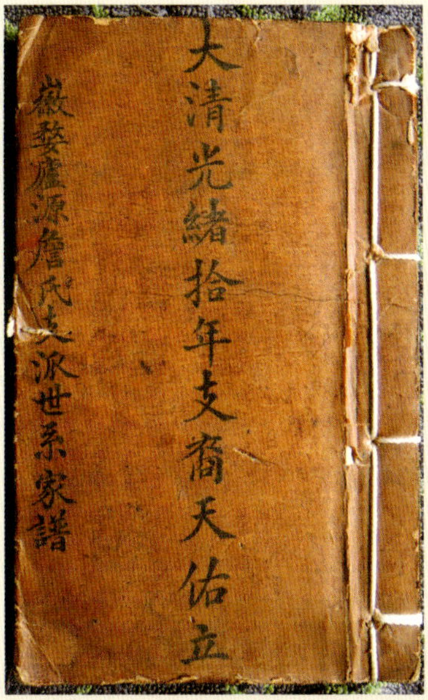

在自修家谱页眉抄录的《婺源县志》上几位先祖[1]的事迹

五世祖

安徽《婺源县志》第六十四册　《佚事》

詹不推

唐詹诚遇，庐源詹氏之祖也。大历丁巳[2]，邑之资用竭。县令宴富室劝输，以酒数计钱缗入官。众惧，不敢多饮。诚遇独不推，饮大醉，输钱百万。因号为“詹不推”，擢歙州参军，辞。陆孙公以孙女为其子妇。

三十六世祖

安徽《婺源县志》第十三册　入《义行·五》

詹起添[3]，字锦千。庐源人。母多病，持斋三年，祈保母寿。七世祖墓家乘[4]失载，常以为恨。有王姓售茔于添，土名塘坑。未几，箧笥中得旧谱残篇图载七世祖墓，恰与所买王姓穴相符。跃然遍告族派，封植立碑。族某傭江北归娶，中途被窃；又某年四旬，贫不欲娶，皆资以完聚之。有冬月落水者，水深砂溜，人皆却步。添素不习水，奋不顾身，入水救出。乡人奇之。

---

① 道光、光绪、民国年间编修的《婺源县志》，都大量收录了当地各种先进人物。詹天佑入徽先祖中，39代直系先祖就有六人被录入《婺源县志》。他们是始祖詹初、五世祖詹诚遇、八世祖詹必胜、三十六世祖詹起添、三十七世祖詹万榜、三十八世祖詹世鸾。詹天佑的高祖、曾祖、祖父都是入选人物。詹天佑1884年底开始在广州编修家谱时，1882、1883年间新修的《婺源县志》也已传到广州。詹天佑据此选抄录了三位先祖的事迹在家谱的页眉处。

② 公元777年。

③ 詹起添（1718—1773）。

④ 即家谱。

三十八世祖

安徽《婺源县志》第十四册　入《义行·八》

詹世鸾[1]，字鸣和。庐源人。资禀雄伟，见义勇为。佐父理旧业，偿夙逋千余金。壬午[2]，贾于粤东[3]。关外[4]遭回禄[5]，茶商窘不得归，多告贷。鸾慷慨佽助，不下万金。他如立文社、置祀田、建学宫、修会馆，多挥金不惜。殁之日，囊无余蓄。士林重之。

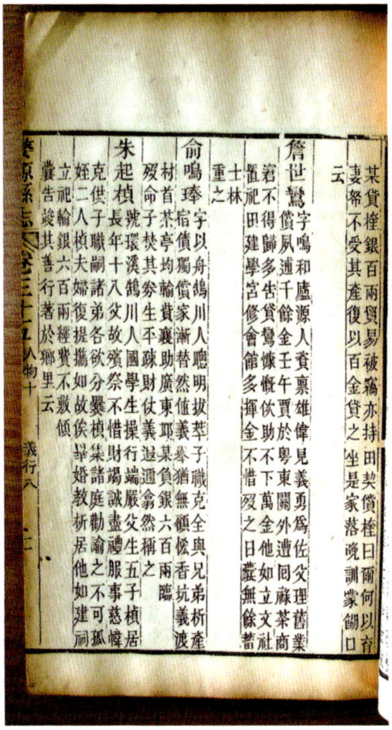

某貸槎銀百兩貿易被竊亦持田契償槎曰爾何以育妻帑不受其產復以百金貸之坐是家落晚訓蒙餬口云

詹世鸞字鳴和廬源人資稟雄偉見義勇爲佐父理舊業償夙逋千餘金壬午賈於粵東關外遭回祿茶商窘不得歸多告貸鸞慷慨佽助不下萬金他如立文社置祀田建學宮修會館多揮金不惜歿之日囊無餘蓄士林重之

俞鳴瑧字以舟鵠川人聰明拔萃子職克全與兄弟析產宿債獨償家漸替然值義舉猶無顧惜香坑義渡村首茶亭均輸貲襄助廣東耶某負銀六百兩臨歿命子焚其券生平疎財仗義遐邇翕然稱之

朱起楨號環溪鵠川人國學生操行端嚴父生五子楨居長年十八父故殯祭不惜財竭誠盡禮服事慈幃克供子職嗣諸弟各欲分爨楨集諸庭勸諭之不可孤姪二人楨夫婦復提攜如故俟畢婚教析居他如建祠立祀輸銀六百兩經費不敷傾囊告竣其善行著於鄉里云

婺源縣志卷三十[illegible]人物十　義行八　二

清代《婺源县志》记述的詹天佑祖父詹世鸾的事迹

---

① 詹世鸾（1772—1839）。

② 1822年。

③ 在广州经商。

④ 指广州城外西关。

⑤ 回禄，传说中的火神。遭遇火神，指遇到特大火灾。这里是指1822年11月初，十三行商馆区一带发生特大连片大火，烧毁店铺2400多家，22人在火灾中丧生。大火烧毁了6家外国商馆，以及另外5家商馆仓库。在广州的一些婺源商人，因这场火，财产尽毁，要借贷过日，也没钱返回家乡。

在自修家谱中记述的祖父与乡亲创办归原堂的经过

道光四年[①]起创。（光绪八年[②]入婺源志。是年会内捐银二百两，赈家乡水灾。）

孝祖世鸾公，捐银同众乡亲设立一义会，名“归原堂”。在广东设立义庄、义山，如有同乡之柩，入庄停棺、义山埋葬，不用钱银。如同乡穷苦之人身故，议送柩金银十元。迨至咸丰年间，众会友公议，再加添送柩金四元，共送实银九两八钱正。如若不愿在广东葬者，议以十年一运到家乡[③]，交回亲属自葬。运柩盘费会内捐银。另咸丰年间，设立送度岁银与同乡之穷苦人。每大丁送银一大元，小丁银半元。每年十二月廿六日支送。会内各友之后人管理，别人毋得干涉银数。

始创会友芳名列：

俞冠芳一份	俞德隆一份
俞玉馨一份	俞兴泰一份
洪长馨一份	余林馨一份
俞冠英一份	滕碧乳一份
俞瑞兴一份	朱凝芳一份
俞广记一份	汪高源一份
詹万孚一份（即世鸾公）[④]	齐大成一份
俞寿熙一份	董春园一份
汪忠增一份	

共十七份，每份捐银一百两。

① 1824年。

② 1882年。

③ 指徽州婺源。

④ 詹天佑祖父詹世鸾。

启者，我詹家三十九传十二房[①]，长二房在徽婺家乡，第七房分支往粤东阳江，其余九房现在粤东省城居住。

先祖考世鸾公，于道光四年，在粤省徽州会馆，同列位乡亲，创建一义会，名“归原堂”。众会友公议：每份设正司事一人，副司事一人，出身办理公事。正副司事，每人每年修金十二大元。前所议每份司事之修金，内出回拜扫横沙、长洲两老山，费用银三大元。余银系年老至诚者，出身往会馆司事者得。已有廿余年矣。自光绪十四年[②]，父亲[③]当正司事，则以此例利归于一人，其各宅子孙，不占一文，似乎不公。今再议新例：二份除拜山费用外，尚有十八元。二房是当年司事不计，其七房每年得银每房一元，作为拜扫私伙山坟之用。余银十一元，正副司事均分，作为出会馆办理衣服鞋袜之用。前两年，副司事之九元，系九伯父自用，正司事之九元，应父亲所得。今自愿不取，留为修老山之用。今已两年，共存银十八元，暂贮在十一宅。如修山之日，即递来不误。自十四年起，其正司事之修金，除三元拜山用外，尚有九元，父亲自愿开新例，即送各七房，每房一元。余银二元，自取为出会馆司理鞋袜之用。其副司事之九元，长交与九伯父自用。因他年老困苦，故也。倘日后九伯父、父亲百年之后，不得将此二份传子孙，任从公举至诚兼衣服鲜明者，方得充补司事。以免各会友耻笑贻羞先人也。今将本年各房得银者，开列于后：

三宅 天谟兄 一元

四宅 天诏兄继 一元

五宅 天诂兄 一元

六宅 文炳侄继 一元

八宅 天诒兄继 一元

十宅 天本兄继 一元

十二宅 文炳侄继 一元

---

① 詹世鸾生育有12个男孩。

② 1888年。

③ 詹天佑父亲詹兴洪。

其九宅、十一宅，系当年司事，不在分内。如将来轮与别宅当司事，九宅、十一宅方得分也。永以为例。

光绪十四年正月[①]十一宅启

1919年7月27日，在广州举行的詹天佑追悼会上，广州婺源义会归原堂的代表俞肇年等敬悼詹天佑的挽联：

是冠世伟才，叹车飞霹雳，今有奇肱，书著椠铅，古无凿齿；

论毕生大节，在崴海抗风，辽知富弼，巴黎拍电，秦怯相如。[②]

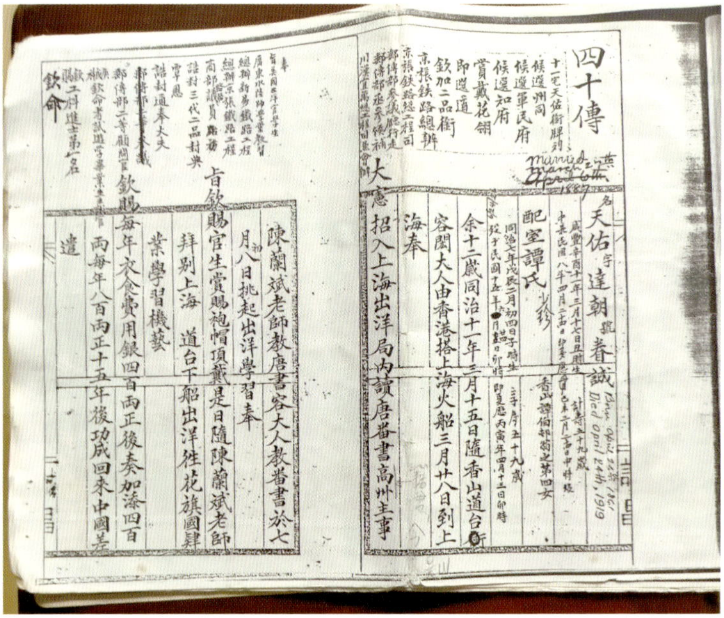
四十傳
十一宅天佑銜腳列
候選州同
候選軍民府
候選知府
賞戴花翎
即選道
欽加二品銜
京張鉄路總辦
名天佑字達朝號眷誠
配室譚氏
余十二歲同治十一年三月十五日隨香山道台
容閎大人由香港搭上海火船三月廿八日到上
海奉
大憲招入上海出洋局內讀唐番書
陳蘭斌老師教唐書容大人教番書於七
月初八日挑起出洋學習奉
旨欽賜官生賞賜袍帽頂戴是日隨陳蘭斌老師
拜別上海　道台下船出洋往花旗國肄
業學習機藝
欽賜每年衣食費用銀四百兩正後奏加添四百
兩每年八百兩正十五年後功成回來中國差
遣

1884年底至1885年初，詹天佑在广州等候分配新岗位时，在十二甫编修的家谱。詹天佑修的家谱，已由珍藏保管者、其孙詹同保捐赠给北京詹天佑科学技术发展基金会，现珍藏于北京詹天佑纪念馆

① 1888年2月。

② 《广州詹公追悼会祭文挽联汇钞》，1919年7月编印，第22页。此汇钞现收藏在北京詹天佑纪念馆。

在自修家谱中记述的履历

1912年4月，刚经历了辛亥革命动荡的詹天佑，继续留在广州的铁路工作岗位上

1884年11月至1885年2月间，詹天佑在广州十二甫家中等候安排新岗位时，编修了族谱。其中写了自己的履历，并在日后不断补充。去世时间及其后记述为其后人补上。

名：天佑　字：达朝　号：眷诚

咸丰辛酉十一年三月十七日丑时生（Born April 26th，1861①）（Married March 27th，1887②）。

中华民国八年四月二十四日，即夏历己未三月二十四日申时殁（Died April 24th，1919③），计寿五十九岁。

---

① 生于1861年4月26日。

② 1887年3月27日结婚。

③ 1919年4月24日去世。

配室：谭氏　少珍　　香山谭伯邨翁之第四女

同治七年戊辰二月初四日[①]子时生，殁于民国十五年六月廿四日卯时，即夏历丙寅年四月十三日卯时，享寿五十九岁。

余十二岁同治十一年三月十五日[②]随香山道台容闳大人，由香港搭上海火船，三月廿八日[③]到上海。奉大宪招入上海出洋局内读唐番书。高州[④]主事陈兰斌[⑤]老师教唐书。容大人教番书。于七月初八日[⑥]，挑起出洋学习。奉旨钦赐官生，赏赐袍帽顶戴。是日，随陈兰斌老师拜别上海道台，下船出洋，往花旗国肄业学习机艺。钦赐每年衣食费用银四百两正。后奏加添四百两，每年八百两正。十五年后，功成回来中国差遣，赏予官阶顶戴，不得在外国逗留生理。

具甘结[⑦]人詹兴洪今与具甘结事：兹有子天佑，情愿送赴宪局，带往花旗国肄业学习机艺。回来之日，听从中国差遣，不得在外国逗留生理。倘有疾病生死，各安天命。此结是实。

童男詹天佑，年十二岁，身中，面圆白。徽州府婺源县人氏[⑧]。

曾祖文贤，祖世鸾，父兴洪。

同治十一年三月十五日[⑨]　詹兴洪（签押）

捷 报

贵府少爷詹（印）天佑，蒙钦命大臣爵阁督部堂曾、李[⑩]会奏，委派

---

① 1868年2月26日。

② 1872年4月22日。

③ 1872年5月5日。

④ 今属吴川。

⑤ 陈兰彬。

⑥ 1872年8月11日。

⑦ 甘结，这里是指为奉命承办官府事务时所立的保证。

⑧ 此实为祖籍。詹天佑曾祖父已于1760年到广州经商，詹天佑父辈已于1820年申请入籍当时管辖其所居的广州西关十二甫的南海县，并获批准。

⑨ 1872年4月22日。

⑩ 曾国藩、李鸿章。

沪局选取同治十一年头批出洋肄业官生。业成回华，奏赏官阶，听候派用，指日连升三级。

沪局报（崔升高级）

光绪七年八月[①]，奉旨回国。派往福州船政局水师学堂学习驾驶。是年十一月，蒙钦命船政大臣黎[②]，赏给五品顶戴。八年六月[③]，业成考取第一等第一名。十一月初一日[④]，派在扬武兵船操练。十年正月[⑤]，蒙钦命船政大臣何[⑥]，升授船政局水师学堂教习。是年八月[⑦]，蒙两广总督部堂张[⑧]，咨调回粤当差。九月初九日[⑨]，回家听候委用。十九日[⑩]到张制军署履历。

福建船政水师学堂教习五品军功詹天佑谨禀呈：

今开

天佑现年二十四岁，系安徽徽州府婺源县人。于同治十一年，蒙上海出洋局总办刘[⑪]，挑选头批学生出洋肄业。是年七月内，蒙前驻美国出洋局总办陈[⑫]，带同前往美国学习，派在西港口学馆[⑬]肄业。光绪二年正

① 1881年10月。
② 黎兆棠。
③ 1882年7月。
④ 1882年12月10日。
⑤ 1884年2月。
⑥ 何如璋。
⑦ 1884年9月。
⑧ 张之洞。
⑨ 1884年10月27日。
⑩ 1884年11月6日。
⑪ 刘翰清。
⑫ 陈兰彬。
⑬ 美国威士哈芬的海滨男生学校。

月[1]，考取入新港口大书馆[2]。四年五月[3]期满，考取入新港口大书院[4]。六年五月[5]，考取第一班。七年五月[6]，学满考取西学一名。是年七月[7]回华。蒙前江海关道刘[8]，派往福建船政局遣用。十月行抵福州。蒙前总理船政大臣黎[9]，赏给五品军功，派在水师学堂学习驾驶。八年六月[10]毕业，考取一等第一名。十一月[11]派在扬武兵轮操练谙熟。十年正月[12]，蒙前总理船政大臣何[13]，派充水师学堂教习。现奉宪台咨调，奉会办福建海疆事宜兼署船政大臣张[14]，拣派来粤，听候差委，须至履历者。

总办广东善后局札稿

为札知事：光绪十年十一月十六日[15]，奉两广总督部堂张[16]，批本局呈详实学馆洋文教习、知州杨枢奉派出洋，所遗教习拟以学生詹天佑充补缘由。奉批如详：派委该学生詹天佑充补实学馆洋文教习。仰即转饬遵照，并分别移行查照。仍候抚部院批示缴。又是月二十二日[17]，奉广东巡抚部院倪[18]，批仰候督部堂批示，遵照缴等因，奉此除照会廖编修查照

① 1876年2月。
② 美国纽哈芬的山房高级中学。
③ 1878年6月。
④ 美国耶鲁大学谢菲尔德理工学院。
⑤ 1880年6月。
⑥ 1881年6月。
⑦ 1881年8月。
⑧ 刘瑞芬。
⑨ 黎兆棠。
⑩ 1882年7月。
⑪ 1882年12月。
⑫ 1884年2月。
⑬ 何如璋。
⑭ 张佩纶。
⑮ 1885年1月1日。
⑯ 张之洞。
⑰ 1885年1月7日。
⑱ 倪文蔚。

外，合就札饬札到，该学生即便遵照充补实学馆洋文教习。毋违此札。

计粘抄详稿一纸一札　实学馆洋文教习詹天佑。

光绪十年十二月十三日[①]札

光绪二十九年[②]

围差办理

西陵铁路由高碑店至良各庄。铁路共长七十八里。蒙直隶总督袁[③]，保举五月廿三日[④]札。钦差大臣太子少保、参预政务大臣、督办商务大臣、电政大臣、铁路大臣、兵部尚书、都察院右都御史、办理北洋通商事宜直隶总督部堂袁[⑤]，为札饬事：光绪二十九年五月十二日[⑥]，准吏部咨开直隶恭修行宫工程暨承造新易铁路，出力之候补道张锡藩等拟请奖叙。奉旨允准，应即钦遵。注册内柯鸿年等三员，应照例各给予寻常加一级记录二次等因，知照到本督部堂准此。查前准行在吏部来咨，业经分行在案。兹准前因合行札饬札到该员，即便查照此札。

计粘抄咨札

选用知府詹天佑

吏部为知照事军机，交出直隶总督袁世凯呈递传奉谕旨，将恭修行宫暨承造新易铁路尤为出力各员，酌拟奖叙。开单祗呈御览。

光绪二十九年三月十六日[⑦]奉旨："依议。钦此。"查清单内开：直隶候补道张锡藩，请加二品衔知府用；请补直隶独石口同知陈汝豫，请加三品衔；二品衔直隶试用道林志道，请仍以道员补用；已保道员、候选知府梁如浩，请俟归道员班后，加二品衔；附生陈西林，请以县丞选

① 1885年1月28日。

② 1903年。

③ 袁世凯。

④ 1903年6月18日。

⑤ 袁世凯。

⑥ 1903年6月7日。

⑦ 1903年4月13日。

用，二品衔。候选道柯鸿年二品衔，候选道郑清濂二品衔，记名直隶补用道孙锺祥，均请交部从优议叙。又片奏：总办新易铁路工程候选同知詹天佑，曾在外洋学习工程专门多年，为中国工程中杰出之才。此次承修路工工，正值隆冬天气，措手綦难。该员不避艰辛，督率各匠役勤奋趋事，得以迅速竣工，而用费亦极节省，实属异常出力。似未便没其劳勚，可否仰恳天恩俯准，将该员以知府，仍归部选用。此件钦奉谕旨允准，应即钦遵。注册内柯鸿年、郑清濂、孙锺祥所请从优议叙，应照例各给予寻常加一级记录二次，相应知照可也。

履历如左[①]

新易铁路工程司候选知府詹天佑谨禀呈：

今开

卑府现年四十三岁，系广东广州府南海县人。于同治十一年，蒙前大学士曾、李，奏派出洋美国肄业。是年蒙前上海出洋局总办刘，挑选头班出洋美国肄业官学生。当蒙前出洋美国总办陈，带同前赴美国，派在威士哈吩[②]小学堂肄业。于光绪元年考入弩哈吩[③]中学堂肄业。四年，考入椰露大学堂肄业铁路并各工程学。五年，在该学堂考取算学第一名，得获赏格。七年，学满考取毕业生，领有文凭。是年回国，蒙前上海道刘，派往福州船政局后学堂，学习驾驶。八年，学满考取一等第一名。蒙前福州船政大臣黎，派在前扬武兵轮船操练谙熟。十年正月，蒙前福州船政大臣何，派充船政局后学堂教习。是年九月，蒙前两广总督部堂张，咨调回粤，派充广东博学馆教习。十二年[④]，又蒙派兼充广东测量海图。是年，蒙前广东水陆师学堂总办吴[⑤]，派充该学堂洋文教习。

① 原文为竖写，故为“如左”。现为横写，应为“如下”。

② 美国威士哈芬。

③ 纽哈芬。

④ 1886年。

⑤ 吴仲翔。

十四年[1]，蒙前天津铁路公司总办伍[2]，派充铁路工程司。二十年二月[3]，英国工程研究会选举（为）会友。二十一年[4]，蒙前顺天府尹督办、津卢铁路大臣胡[5]，派充津卢铁路工程司。二十三年二月十六日[6]，由监生在直隶，协助湖南赈捐局第十三次案内，遵例报捐光禄寺署正衔。是年五月初二日[7]，在直隶藩库第八十五次案内，遵例报捐双月选用州同。六月二十日[8]，领得户部执照四十三卯签掣第五名。二十四年[9]，又蒙派充山海关外锦州铁路工程司。二十六年[10]，蒙奉天将军增[11]，派充帮办山海关外铁路事宜。二十七年[12]，蒙督办铁路大臣盛[13]，派充萍醴铁路工程司。二十八年八月[14]，蒙督办、会办山海关内外铁路大臣袁、胡[15]，派接收山海关外铁路事宜。是年九月十九日[16]，蒙直隶总督部堂袁[17]，派充新易铁路总工程司。十月初十日[18]，在昭信股票请奖案内，遵例报捐，捐升双月选用同知。是月二十日[19]，领得户部报执照七十四卯。又于是月十二日，在户部报捐，捐免保举银两。即日领得户部实收，均已呈验核准在案。

① 1888年。
② 伍廷芳。
③ 1894年3月。
④ 1895年。
⑤ 胡橘棻。
⑥ 1897年3月18日。
⑦ 1897年6月1日。
⑧ 1897年7月19日。
⑨ 1898年。
⑩ 1900年。
⑪ 增祺。
⑫ 1901年。
⑬ 盛宣怀。
⑭ 1902年9月。
⑮ 袁世凯、胡橘棻。
⑯ 1902年10月20日。
⑰ 袁世凯。
⑱ 1902年11月9日。.
⑲ 1902年11月19日。

二十九年三月十六日[①]，蒙直隶总督部堂袁[②]，在行在附片保奏，请以知府仍归部选用，即日奉旨：“依议。钦此。”是年六月[③]，在山东捐加四级从二品三代封典。

捷　报　　　光绪廿九年三月十六[④]

贵府少大人詹天佑（印），蒙钦差大臣太子少保直隶总督部堂袁，附片因办理新易铁路工程异常出力，保奏请以知府归部选用。光绪廿九年三月十六奉旨：“依议。钦此。”

指日连升　　　　京报人

捷　报　　　光绪二十九年六月二十日[⑤]

贵府少大人大喜詹（印）天佑，蒙钦命山东巡抚部院周[⑥]，奏请诰封三代二品封典。指日荣膺一品。

京报人

捷　报

贵府詹大人（印）天佑添喜，蒙督办、会办铁路大臣袁、胡，于山海关内外铁路全工告竣尤为出力案内，奏保请免选本班以道员选用。光绪三十一年二月二十九日[⑦]，奉旨：“着照所请，该部知道。钦此。”

指日连升　　　　京报人

捷　报

邮传部奏保：以京张铁路工程计已过半，实属筹划精详，劳勣卓

① 1903年4月13日。
② 袁世凯。
③ 1903年8月。
④ 1903年4月13日。
⑤ 1903年8月12日。
⑥ 周馥。
⑦ 1905年4月3日。

著，拟请派充二等顾问官，并赏加二品衔。于光绪三十四年五月初十日[①]，奉旨："依议。钦此。"

指日连升　　　　　　京报人

捷　报　　　　　　伺候人叩

贵府詹大人添喜。

宣统元年九月初二日[②]，奉旨："着詹天佑以邮传部丞参候补。钦此。"

喜报连升

捷　报　　　　　　伺候人叩

贵府詹大人（印）天佑添喜。

宣统元年十二月初七日[③]，奉旨："着赏给工科进士。钦此。"

指日连登

民国元年[④]七月三十一日，奉大总统袁[⑤]任命粤汉铁路会办。

民国元年十二月二十二日，奉大总统袁命令给予三等嘉禾章。

民国元年十二月二十二日，奉大总统袁任命汉粤川铁路会办。

民国二年[⑥]六月十八日，奉大总统袁简任交通部技监。

① 1908年6月8日。

② 1909年10月15日。

③ 1910年1月17日。

④ 1912年。

⑤ 袁世凯。

⑥ 1913年。

民国三年[1]六月十四日，奉大总统袁任命汉粤川铁路督办。

民国三年十二月三日，奉大总统袁晋给二等嘉禾章。

民国四年[2]一月十一日，因三年内国、公债票案异常出力，传令嘉奖。

庆　贺

詹先生（官印）天佑，奉大总统命令任命特授上大夫并加少卿衔。

民国四年喜月[3]抄报

是年[4]三月十三日，因张同铁路告成，传令嘉奖。

民国七年[5]十月十日国庆日，大总统徐[6]就任。十月十六日令："詹天佑给予二等宝光嘉禾章。此令。"

四十传

十一宅天佑衔牌列：

候选州同

候选军民府

候选知府

赏戴花翎

即选道

钦加二品衔

① 1914年。
② 1915年。
③ 原稿"喜月"两字旁有"一月廿七日"的加注。
④ 1915年。
⑤ 1918年。
⑥ 徐世昌。

京张铁路总办
京张铁路总工程司
邮传部参议厅行走
邮传部丞参候补
川汉宜万总工程司兼会办
奉旨美国出洋官学生
广东水陆师学堂教习
总办新易铁路工程
总办京张铁路工程
商部路务议员
诰封三代二品封典
覃恩诰封通奉大夫
邮传部二等顾问官
庚戌科钦命考试游学毕业生主试官
钦赐工科进士第一名
钦命学部一等咨议官
诰封荣禄大夫
钦加二品封典

詹天佑珍藏的友人陆眉寿、尧松赠送的扇面。詹天佑之孙詹同济先生赠送给荔湾区政府部门珍藏

詹天佑珍藏的耶鲁大学谢菲尔德理工学院1913年编印的1879、1880、1881届同学录内的履历

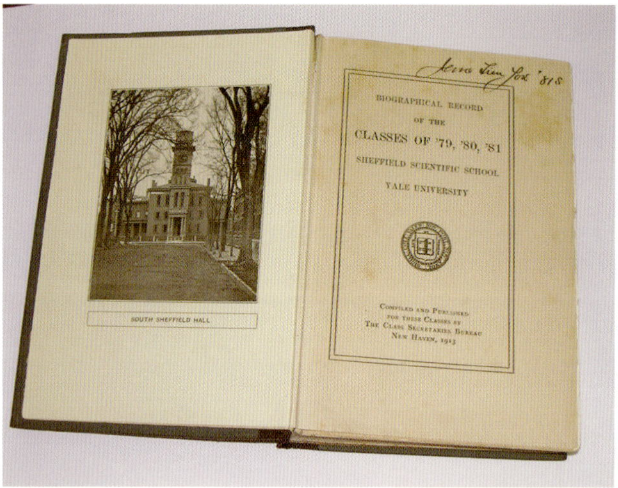

詹天佑珍藏的耶鲁大学谢菲尔德理工学院同学录。詹天佑之孙詹同济先生捐赠给广州荔湾区政府部门珍藏

1881年詹天佑大学毕业照（坐在第四排中部的中国人为詹天佑，坐在前面第二排左侧的中国人为欧阳赓。当时全部被撤回国的中国留美学生中，只有这两位完成大学学业）

of the Board and of the public. He was also well known socially.

He died suddenly after less than two days' illness, from heart failure, superinduced by a congestive chill, in New Orleans, La., October 28, 1898.

Tien Yow Jeme, Eng.D.

Civil Engineer, Kwang Tung Yueh-Han Railway Company, Ltd., Wongsha, Canton, China

Tien Yow Jeme, '81 S., was born in Canton, Kwangtung Province, China, April 26, 1861. He is a son of Hing Hung Jeme and Chun Kio, who were married in March, 1851, and had three other children, one son and two daughters: Tien Tsau Jeme; Kiung Seen Jeme (died in 1890, in Shunteh, Kwangtung Province, China) and Woo Seen Jeme.

Hing Hung Jeme (born October 29, 1823, in Canton, China; died September 4, 1903) was a merchant of Canton.

Chun Kio was born September 4, 1831, in Shao Hing Foo, Kwangtung Province, China, and died November 7, 1905, in Changli, Chili Province, China.

Jeme prepared at the Hillhouse High School, New Haven, Conn. He was a member of the first detachment of students of the Chinese Educational Mission to the United States sent out in 1872. He entered the boarding school of Mr. Northrop in West Haven, in 1872, previous to attending high 1878-1879

school. He took the Civil Engineering Course at Sheff, was a member of Alpha Chi, divided a prize in mathematics in Freshman ~~Junior~~ year and received honorable mention in the same subject in Junior ~~Senior~~ year.

He was married March 27, 1887, in Macao, China, to Miss Tan Chrysanthemum, daughter of Tan Pah Chuen, a merchant. They have eight children: Shun Yung, a daughter (born January 17, 1888, in Canton, China); Mun Kwang, a son (born April 11, 1892, in Linsi, Chili, China); Mun Chung, a son (born October 14, 1893, in Shanhaikuan, China); Shun Hiang, a daughter (born July 1, 1897, in Fengtai, China); Shun Tie, a daughter (born May 10, 1899, in Chenchow, China); Mun Yew, a son (born July 3, 1900, in Canton, China); Mun Tsao, a son (born October 20, 1901, in Canton, China); and Mun Yu, a son (born October 11, 1907).

After graduation Jeme returned to China, and entered the Naval School in Foochow Arsenal, graduating in July, 1882. During 1882 and 1883 he served as a midshipman on board a training ship in the Chinese Navy, and the following year he became a teacher in the Naval School in the Foochow Arsenal. From 1884 to 1888 he was a teacher in the Whampoa Government School, Kwangtung Province, and during the next six years he was assistant engineer of the Chinese Railway Company, Tientsin. From 1896 to 1901 he served the Imperial Railways

of North China, first as assistant and later as resident engineer. In 1902 he became engineer of the Ping Hsiang Railway in Kiangsi Province. For some time he was chief engineer of the Imperial Hsiling Railway, and later on he was appointed consulting engineer of the Imperial Chinese Railway Administration, Shanghai.

In May, 1905, he was appointed chief engineer and co-director of the Peking-Kalgan Railway, and in the following year he was appointed assistant examiner to the graduates from abroad. During the next two years he successfully filled the positions as director of the Peking-Kalgan Railway, consulting engineer to the Tientsin-Pukow Railway, and adviser to the Board of Posts and Communications (Yuchuanpu).

Early in 1909 Jeme was appointed chief engineer and co-director of the Iwan section of the Szechuen-Cheuenhan Railway Company. From expectant taotai he was promoted to expectant deputy vice president to the Yuchuanpu, on account of his services to the Peking-Kalgan Railway Company. In 1910 ~~1911~~ he was elected president of the Kwang Tung Yueh-Han Railway Company, Canton, China, ~~which position he now holds.~~ but went in office 1911

In 1894 he was elected associate member of the Institute of Civil Engineers, London, England, and in 1910 was awarded by the Chinese government the degree of Chin Shih or Doctor of Engineering.

同学录内印的詹天佑条目的英文记述，有詹天佑的亲笔修正

在自修家谱中记述的祖母、父母墓地

三十八世庶妣杜氏孺人葬番禺长洲山　契一纸抄列

立明永远断卖山地契人，邓一山祖裔下宗子星扬、房老、超正、超礼等，系广州府番禺县茭塘司长洲村人。有承祖遗下山地一段，坐落本村长洲下庄，土名荷山。直长四丈，横阔二丈。前后左右俱是一山之地，四至分明。托中人曾耀纲言定地价番银陆拾大圆，自愿断卖与詹宝训堂名下安葬先人。今即经中邓星扬等亲收到詹姓买山地价银陆拾大圆成员司码，中人签书，酒席一应俱在价内订明。前面榄树概行伐去，日后不得复种树竹遮碍。自今交易之后，任从詹姓择安葬造坟，由路出入，毋得抗阻。原此山地委系邓一山祖名下，与别房无涉。即日星扬同一山祖大众子孙，经中立契，各相情愿，日后不得异言争占过界。倘有来历不明、以及别人争认，系邓星扬等同中理明，不关买主之事。今欲有凭，立此断卖山地契一纸，交执为据。

一、实邓星扬等亲收到卖地价银陆拾大圆成员司码，另收补纳粮银一大圆，其粮永远归星扬等交纳。又收中用银四大圆。

二、实邓星扬等断卖山地一段，土名荷山。直长四丈，横阔二丈。

中人：曾义周、曾耀纲

道光十六年十一月三十日[①]立　永远断卖山地契人邓星扬、邓瑞雄、邓超正、邓超礼等亲笔

光绪九年十一月十九日[②]丈量长洲山尺寸

前东界至中心一丈二，中心至拜台石碑二丈三，拜台石牌直至正石牌一丈三，正牌至后土横一丈二，后东界至正石碑七尺五，前面石界东西横阔二丈一，后面石界横二丈四（东至西）。

① 1837年1月6日。

② 1883年12月18日。

光绪九年八月十一日[①]

皇上命张树声制军，因预防法兰西来打广东，亲带二千五百外江兵，来粤防守。此兵在长洲村外山坟、地界，铲平盖兵房，走马路。是于十一月十七日[②]，曾他山土人报。到十九日，兴丞、兴藩[③]及天俱、天佐[④]四人，往看此山如何。此山前石界内铲平，一马路阔八尺五，外尚有一丈四尺五，方到拜台石牌。于此山无大碍。是以方将此山丈量。现此山石牌、石界、山坟，并无毁烂。

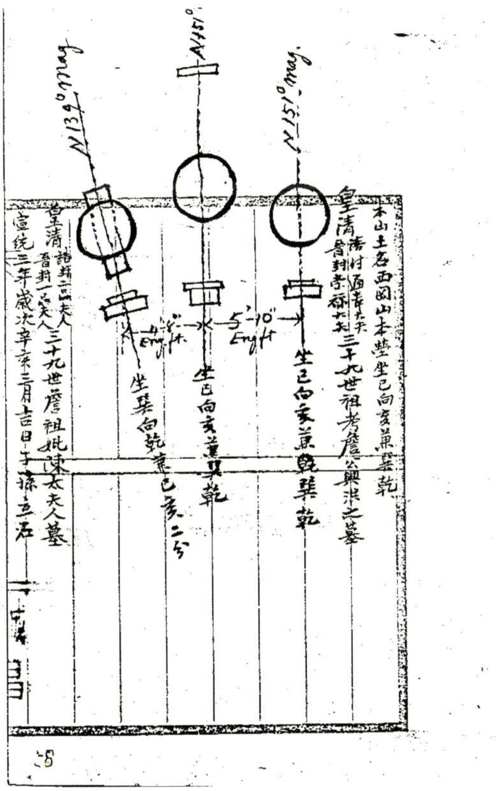

广州长洲岛的詹天佑祖母与父母墓地

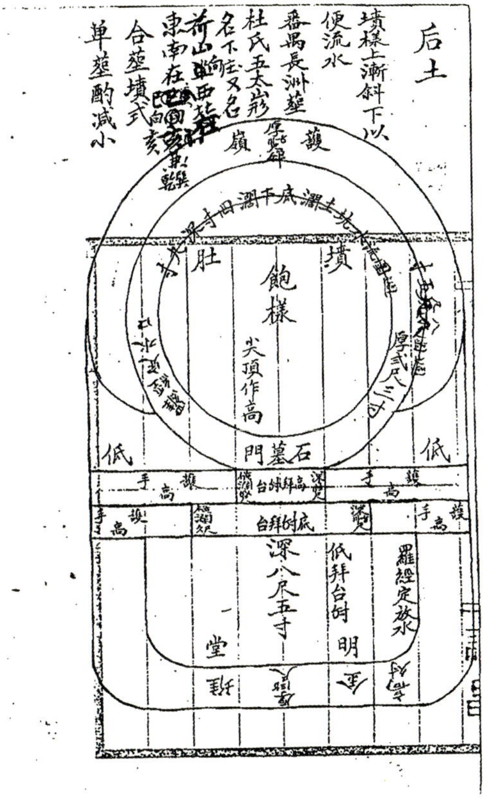

广州长洲岛的詹天佑祖母墓

---

① 1883年9月11日。

② 1883年12月16日。

③ 詹兴藩，詹天佑父亲原名。

④ 詹天佐，詹天佑弟弟。

在自修家谱中记述父辈在十二甫入籍南海

三十八世祖

讳世鸾，字鸣和，号佩菴，官名鸣珂。候选布政司经历，刺授儒林郎。

公继父业，分居广东省城。嘉庆廿五年十月[①]，取男名詹钰[②]，具禀县准详学入南海县捕属籍。县禀存案，并学详文核据。

具禀人童生詹钰，年二十一岁，现住西门外十二甫。地保陈成。

具状文童詹钰，为沥情叩恩批准入籍事：

窃童祖詹榜[③]原籍安徽婺源县[④]人，自乾隆二十五年[⑤]来广东省垣营生。因挈眷来粤，为童父鸣珂娶治属朱姓之女为室，生童等兄弟。嘉庆五年[⑥]，置大北门拱宸坊屋居住。是年，祖父母身故，葬北门外纱帽冈。童母于嘉庆六年身故，葬北门外飞鹅岭。迨嘉庆二十一年[⑦]，迁居西门外十二甫，自置房屋。计自故祖居家粤城，今逾六十余载。庐墓产业，在在可据。丙子年[⑧]，修造南海学宫，童父捐银壹百圆。众绅士经收单据。兹童肄业多年，观光志切。惟是生斯长斯，从未施籍。人事生疎，徽粤远隔，委实不能往徽应试。窃在治属居住远年，祖孙父子已成四代。所置屋业契经投印。庐墓俱全。具有叔祖詹文光，已入南海籍，现补前山营外委。可据理合取具保邻甘结，并将庐墓契抄粘，匍叩仁台俯念童籍

---

① 1820年11月。

② 此为詹世鸾长子，1800年2月2日出生。原名詹兴甲，此时以“詹钰”之名申请入籍。

③ 即詹天佑曾祖父詹万榜。

④ 婺源县在清代属安徽省管，民国后划入江西省管。

⑤ 1760年。

⑥ 1800年。

⑦ 1816年。

⑧ 1816年。

不能归，实是治下子民，恩准入籍考试，顶祝切赴。

嘉庆二十五年十一月初三日[①]状

南海县台吉批：候传邻保人等讯，夺情实。仍将印契携带，呈验粘抄附。

具禀童生詹钰，年二十一岁，现住西门外十二甫。地保陈成。

禀为遵批缴契呈验事切。童祖父詹榜原籍安徽婺源县人，自乾隆二十五年，挈眷来粤，在治属居住。迨祖父母及母先后身故，葬在治属北门外纱帽冈、飞鹅岭各处地方。亦经买有治属拱宸坊等处房屋。童现居迁西门外十二甫居住。自祖迄今六十余年，已成四代。久未回籍，保邻可查，庐墓可据，例得入籍。业经具结抄契，禀明仁台，奉饬缴契查验等因，仰见仁台慎重周祥之至意，只得遵批携同地保陈成、邻佑林国珍等，并粘连庐墓各契，前赴仁堦，伏乞查验，准予入籍考试，沾恩切赴。

计缴庐墓各契共四纸，并保邻结二纸，学宫收单一纸。

嘉庆二十五年十一月廿八日[②]状

南海县吉批：查核年份及各契，与例相符，准尔入籍。仍候移明原籍知照。契发还，结收同收单存。

为呈明入籍事，具禀人童生詹钰，年二十一岁，现住西门外十二甫。地保陈成。

禀为遵批缴契呈验事切。童祖父詹榜原籍安徽婺源县人，自乾隆二十五年，挈眷来粤。在治属拱北门外纱帽冈、飞鹅岭各处地方。亦经买有治属拱宸坊等处房屋，童现迁居西门外十二甫居住。自祖迄今六十余年，已成四代。久未回籍，保邻可查，庐源可据，例得入籍。业经具

① 1820年12月8日。

② 1821年1月2日。

结抄契，禀明仁台，奉饬缴契查验等因，仰见仁台慎重周祥之至意，只得遵批携同地保陈成、邻佑林国珍等，并粘连庐墓各契，前赴仁堦，伏乞查验，准予入籍考试，据此准其入籍考试等语。当即传讯邻保，及查田园庐墓，与所禀相符。查詹钰自祖来粤，已逾六十余年。既经置省房屋庐墓，原籍已无。可考试与入籍之例相符。并据保邻递其无捏餙甘结前来。除移明原籍不准跨考外，应立案准其与其土著人民一体考试，合就移知。为此，合移贵县烦照事理。希即查明立案，足仞寅谊。须至移者，一移安徽婺源县，一移本县儒。

嘉庆二十五年十二月初五日[①]行

南海捕属　　　　　　　　　　　保籍绅士冯肇元

詹姓名钰。始祖鸣珂。阖族男丁七名[②]。

报氏族单分填两张。一张交采访使报局。一张携同男丁银数缴到双门底上德昌银铺，给回收单报局验照。

已收银。（此三字是红色印）

同治五年九月初三日[③]　南海捕属采访局报单（此九字是红色印）

书字第十号（此五字上有红色挂角图章）

① 1821年1月8日。

② 男丁缴银的此年（1866年），詹世鸾长子、次子，早已回徽州婺源定居，第七子往阳江定居，第六子1843年去世，第八子1848年去世。故只有七个儿子在广东省城广州居住。

③ 1866年10月11日。

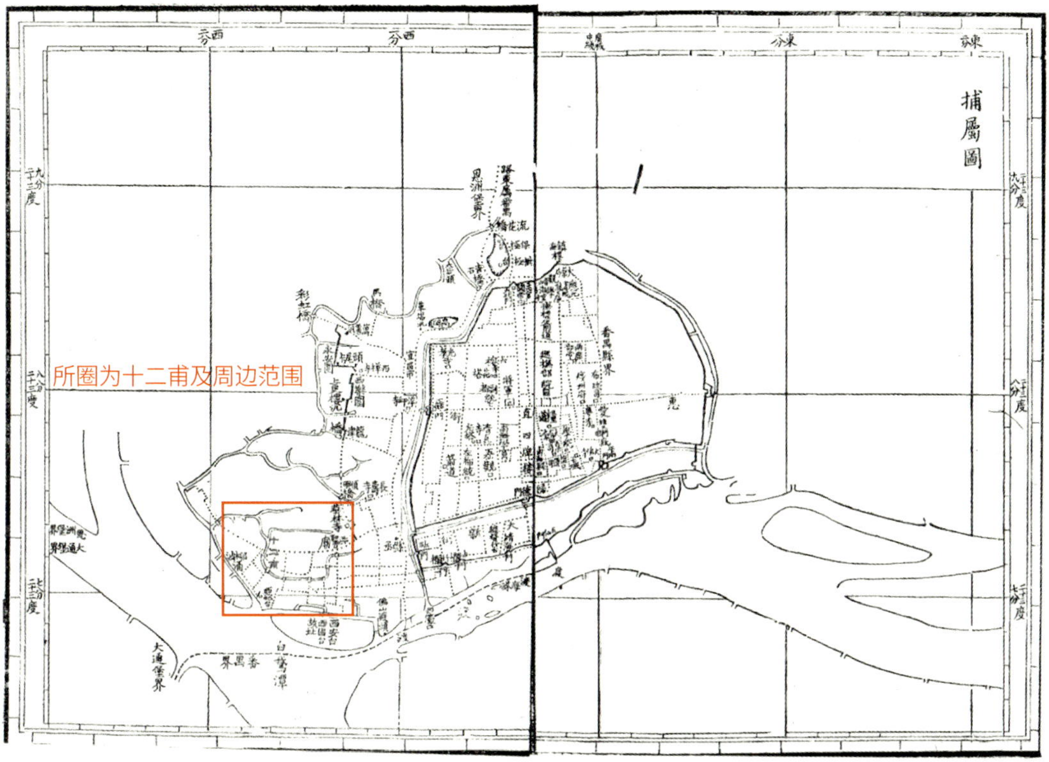

清宣统年间《南海县志》上的南海捕属图。约以今北京路为界，西面为南海捕属，东面为番禺捕属。捕属，即该县捕厅直辖地区，捕属外才是称为“堡”的行政区

第二部分

王金职①：缅怀詹天佑②

① 按：王金职系詹天佑之长婿，前平汉铁路工务处长。（高宗鲁注）“先生婿王君金职，为留美工程师，曾任平汉铁路工务处长有年。”（摘自凌鸿勋《詹天佑先生年谱·编后》）

② 本文原文为英文，发表在《美国土木工程师学会会报》Vol.LXXXIII，1919−1920上。詹天佑因曾在美留学及成功筑成京张铁路，于1909年被美国土木工程师学会吸收为会员，1919年4月24日逝世。全文由胡文中翻译。

詹天佑，美国土木工程师学会会员，1919年4月24日逝世。

1919年4月24日，詹天佑在中国汉口去世。中国在建设和发展国家的铁路事业方面，失去了一位最好的工程师。他是中国工程人员的先驱，因为他长期为中国政府铁路事业服务，他的地位是独特的，他是被政府完全信任的人。实际上，他把毕生都奉献给了铁路建设，他的人生履历几乎覆盖了中国铁路的发展史。他首次成为全国著名人物是在1909年，当时他完成了125英里①长的京张铁路修筑，穿越了困难重重的崇山峻岭，把中国首都与蒙古地区已开发的边疆贸易市镇连接了起来。他是第一位不需要以任何身份出现的外国人帮助，而独立自主成功修筑铁路干线的中国工程师。

1861年4月26日，詹天佑生于中国广州，去世时是58周岁。而根据中国历法与中国计算年龄的方法，他去世时是59岁。他的祖父②来自安徽省③，后迁居至在一家商行工作的父亲（即詹天佑曾祖父）所在的广州。

1872年，年仅11岁的詹天佑到了美国，度过了主要的受教育阶段。此前，在上海，他参加了中国幼童出洋肄业局预备学校的短期培训，与30名幼童一起，成为第一批由中国官方资助的赴美留学幼童，被送到美国。在四年多的时间内，中国官方送出了共120名幼童到美国学习。在这些幼童中，詹天佑的年纪几乎是最小的，他离开上海时还仅仅是一个小孩子。他被送达康涅狄格州的纽黑文（New Haven,Conn.），安置在一个负责培训他的美国家庭。后来他进入了纽哈芬希尔豪斯中学学习，准备考大学。1878年，在这批留美幼童中，他第一个④通过了学院入学考试，被耶鲁大学谢菲尔德理工学院录取。因为他在数学和科学方面的天赋，

① 1英里≈1.6093千米。

② 此处王金职原用词是来自安徽的祖父母，迁居至广州。但根据詹天佑自修家谱记载，詹天佑祖母是广东省城西关人。故此处译者把“祖父母”一词依史实改译为“祖父”。

③ 译者注：詹天佑祖父母来粤，是在清代，时徽州婺源属安徽省管，今属江西省管。

④ 译者注：实际上，还有一位同学比他先考入大学。但这位同学却在考入大学不久后去世了。

他报读了土木工程系。在数学科，他是最杰出的学生，在大学一年级和二年级均获奖。1881年，他20岁，从谢菲尔德理工学院毕业，并获哲学学士学位。

最初，这120位留美幼童的主管是容闳。容闳是第一位从耶鲁大学毕业的中国人。在随后的日子，这些能进入耶鲁大学的中国学生们被称为“容闳的孩子们”。后来在这些人中，有总理，有内阁大臣，有驻外使节，还有大量的铁路主管、海关官员等各种人才。整体而言，这些人都很杰出。他们是很有价值的受美国教育熏陶的人才。清廷高官吴（子登）密谋的一个计划，导致了容闳博士调任华盛顿特区中国公使馆官员。而吴子登自己就任了留美幼童主管。吴不懂英文，并且一点也不赞同任何新想法。他是被清朝派出监视容闳博士的活动的，因为朝廷担心容闳会把留美学生引入歧途。吴子登担任主管一段时间后，发出了一份很长的奏折给皇帝，谈及这些年轻学者正在迅速西化的情况，他认为他们返回后会使中国受精神污染，并会传入新的使中国失去自信的思想。因此，他建议立刻把他们遣返。上告的结果导致了1881年秋天这120名留学生被召回。他们极不情愿地回到中国。他们中有几个还有几个月就可以获得大学授予的学位。在这120名留学生中，只有两位在被召回前获大学授予学位，他们在加利福尼亚州旧金山市的中国领事馆内被授予学位。这两位是：詹天佑和他在谢菲尔德理工学院的同学欧阳赓。

当他们到达上海时，政府安排学生向上海外事官员报到，这些官员负责分配他们到不同地方继续培训和改造，以便他们能为政府服务。他们被精准地定为阴谋分子。他们所有的行动都秘密地被政府代理人监控。詹天佑与十五位同学被分到位于与台湾相对的海岸边的福州船政局。在船政局，他在水师学堂学习轮船驾驶的课程，在一位名为泰勒（Taylor）的外教教导下学习。学习一年后，他获得了毕业证书，并立即被安排到中国海军的一艘舰船上继续深造，成为海军实习军官。在舰船上工作很短一段时间后，他被调返船政局当水师学堂的教习。不久，与法国的战争开始了。法国的海军舰队开始进攻船政局，导致学堂被毁坏。恰在此时，两广总督正式要求调詹天佑回广州加强海防。他在广州时，最显著的成就就是完成了江岸线的勘察，并第一次绘出了江岸线图。

在宣布与法国达成和平后，詹天佑被任为广东水陆师学堂教习。他一直在这里工作，直至北方的伍廷芳（曾派驻美国任公使）请他到天津参加铁路建设工作。这正是他一直盼望的好机会，在耶鲁大学学到的知识能在工作中发挥作用，他可以把自己的毕生奉献给所从事的铁路事业。伍廷芳那时任天津铁路公司主管。

1888年，詹天佑首次参加铁路工作。其后的31年，他持续地至少在一条铁路上工作[①]。他的第一个职位是帮工程司（Cadat Engineer），即驻段工程司（Resident Engineer）的助手。天津铁路公司的资金来自英国提供的贷款。因此，该公司的总工程司[②]以及所有主要的工程司，都是英国人。总工程司金达（C.W.Kinder）先生，正负责修建从天津经唐山煤矿至山海关（在东北边缘上的一个关口居民点）的铁路。英国人的最终目的是经过山海关延伸此线到东北，同时在天津另一面建一条铁路通往北京。这样，就经过华北最大的商业城市天津，把北京与奉天[③]贯通了起来。在建设天津至奉天的线路时，詹天佑在山海关两边发挥了重要作用。通过扎实的工作，他成功地被提升为驻段工程司和工务段工程师。不变的是，给他的总是最边远区域、最困难的工作。因为离基地最远，因而在物资供给方面也是最困难的。

最初，由于首都的强烈反对，天津与北京间的铁路是不许建设的。那些上层的官员们担心，一旦北京与天津被铁路连通后，首都的地位就会被大大削弱。另外，当铁路员工开始建设线路时，在农村地区会穿越很多先人墓穴，也引起当地居民的反对。直到李鸿章出现，才解决了这些问题，启动了这条线路的建设工作。但是，设定了限制工程司们的条件——铁路必须在离首都10英里处作为终点。因此，铁路只能通达一个不重要的小镇——丰台，这里在北京南面约10英里处。在建成天津至丰

① 经常同时兼任多条铁路的工作。

② 工程司为当时职称，即今天的工程师，但却是同时兼有行政管理职能的工程师。

③ 沈阳的旧称。

台铁路一段时间后，恭亲王打算到天津一行。他先从北京坐走得很慢的骡子拉的车到达丰台，走这10英里花了差不多一天时间。然后，他登上奢华的火车，只花了3小时，就走完了余下的81英里路途。搭乘者不难感受到所需时间与舒适感差异如此巨大。因此，当恭亲王返回北京，他赶紧取消关于不准火车靠近首都的禁令。詹天佑成为延展这10英里铁路的驻段工程司。其后，当天津通到奉天的铁路修通时，由天津向东西两个方向伸延的铁路，就合称为今天①所称的“京奉铁路”。詹天佑总共在京奉铁路工作了12年。期间，他总是充满活力地从事建设工作。

在义和团起义的1900年，所有北方的铁路都停止了工作。詹天佑以筑路工程师的身份，投身萍乡至醴陵铁路的修筑。修建这条铁路，是要促进江西省萍乡煤矿的发展，把煤运至湖南省的水运线。因为涉及到英国的一笔借款，义和团破坏了京津铁路的部分线路，导致八国联军占领了这条铁路。然而，当起义被平定，铁路就回归中国。詹天佑被请回北方，恢复他在原来公司的工作。

1901年，义和团运动被镇压后，朝廷从山西省西安府回到北京，决定到西陵的先皇墓地祭祖。1901年9月20日，一份朝廷颁布的告示表述了朝廷的愿望。根据中国的习惯，要修一条皇家专用路。在这一议题中，修铁路的建议被采纳。朝廷任命金达为总工程司，勘测和建造这条铁路。驻北京的法国公使立即提交了一份抗议，反对任命金达，请求转任一位法国工程师，声称拟建的这条铁路是向法国贷款建造的北京汉口铁路的支线，应当委任法国工程师承担这项工作。无论英国还是法国的利益集团，都想尽办法要得到任命他们自己国家工程师的结果。但他们之间不能妥协，而最终被迫同意任命中国工程师担当此任。詹天佑是这一地区可选之人，因此，他担任了西陵铁路的总工程司。

法国和英国之间的争吵耗费了不少时间。到作出詹天佑任职这一决定时，离皇家祭祀时间只有大约四个月。火车必须在1903年②2月22日前开通，以方便那些准备祭祀工作的地方官员。4个月时间要完成勘测、

① “今天”，指作者写此文时的1919年。

② 译者：此处原文1902年有误，应为1903年。

建造、运行28英里多的穿越荒山野岭的铁路！此时正是隆冬季节，河水冰封，导致运输施工物资十分困难。施工材料短缺，加上运输困难，詹天佑借用京奉铁路的旧钢轨，拉直，用作侧线上的钢轨。每根枕木铺设的间隔比普通铁路标准距离要稍远些。大的结构具临时性质。在这四个月内，詹天佑每天工作15小时。有很多个晚上，他通宵工作。因为他知道，一旦他不能使这条铁路列车按时运行，毫无疑问他会因此丢掉性命。这是他首次尝试独立承担修路，要在很多不利条件下完成。幸运地，他的努力结果达到了朝廷的要求，在皇家祭祀的时候，火车正常地运行了。当朝廷官员们安全返抵北京的时候，他获得了升任长官级别的奖赏。他被留下按长期使用的标准加固这条铁路的路基。从此时起，他的名字开始被官员们熟悉，并成为天津总督[①]袁世凯（他在皇家祭祀中负有最重要的安排职责）特别喜欢的人。詹天佑没有忘记这位曾经在这事上帮助过他并使他获得成功的官员。

詹天佑接下来的重要工作是代表中国政府接收道清（Tao-Ching）铁路。这条铁路由北京辛迪加公司（Peking Syndicate，在中国华北采煤的一家公司）建造。这条铁路是京汉铁路的支线，运输的是大量的山西省埋藏的无烟煤。詹天佑代表中国政府对这条铁路估值。1905年，中国政府付给北京辛迪加公司614 600英镑。这一评估值是由詹天佑与辛迪加的总经理一起作出的。

大约就在完成了西陵铁路的加固路基工作后，詹天佑因为父亲去世，被叫回广州。在广州期间，詹天佑被邀请到海港汕头加入一条商办铁路的启动工作。随后，他来到汕头，但仅在那停留了约两个月，就离开去了上海，去就任沪宁（上海至南京）铁路管理局的顾问工程司职务。他在这一职位上工作了近一年。

在八国联军司令部把京奉铁路交还中国后，这条线路承担了巨大的运输量，在扣除了所有运营费用和该偿还的贷款后，它的库房中还积聚了大量资金。顺理成章地，主管希望用这些盈余建设更多的铁路线。因

① 译者注：此处应为直隶总督。

此，他提议建造京张铁路。金达在首都的朋友们立刻开始策划金达任这条提议线路的总工程司。这看来是合乎常理的机会，因为用于修筑铁路的资金，来自由英国投资的铁路的盈利资金。此外，金达先生是公认的有能力的出色工程师。然而，在北京的俄国公使向中国政府递交了一份反对金达可能上任的抗议书，指出中国已经与俄国有共识：在长城外修向蒙古的任何铁路必须向俄国贷款，并由俄国人才修筑。这一消息被透露后，金达的很多拥护者出现了巨大的失望情绪。然而，如果中国人能完全用自己的资金和人才修筑，俄方不会反对。这时，袁世凯已是内阁中的强势人物，他着手回应俄国公使的质疑。他立即请求面见皇帝，极力主张自主修筑京张铁路。他知道有位中国人能担此任，并力荐任命詹天佑为总工程司。袁世凯对詹天佑具有承担这一工作的能力有绝对的信心。随后的事实证明，他对詹天佑的信任是正确的。这也是詹天佑第二次站在总工程司的岗位上，但这不是他自己原来所希望的，因为他对金达怀有深深的敬意。然而这不可避免，这是在不同情况下异常的制约所导致的，詹天佑不是一个会密谋抢夺别人工作的人。此外，在任命詹天佑为总工程司的同时，袁世凯还考虑未来任命他为京张铁路会办，让他在行政管理高层有话语权。约两年后，詹天佑被晋升为总办。作为总工程司，詹天佑亲自勘测、确定线路，立刻开展修筑工作。

正是在建造京张铁路的过程中，詹天佑展现了他在技术工程和行政管理上的强大能力。他用自己的辛勤工作，鼓舞同事与下属，告诫他们必须成功，因为全世界都关注着这一工程。他向他们强调，无论他们成功或失败，都不仅仅关系着他们自己，也是今后很多代人所共同承担的成功或失败。整个修路队伍成为一个伟大的工作团队，因为在这个队伍中，人们认识到他们所承担工作的深远意义。对于这些建设者、他们的领头人以及普通的中国人，京张铁路将竖起一个记载他们能力与效率的永恒的纪念碑。它同时说明了只要在人群中找到合适的领导人，中国人就是优秀的、能干的。

京张铁路的全部造价约为700万两白银。詹天佑原预算这条铁路的造价是7 223 900两白银，预计全路四年完成。在他原估计中，每年要花费180万两白银。但头两年每年仅得到130万两白银的经费。虽然减少了预算经费，他仍按计划完成了预定的任务，并比他原来估计的造价低了4%。平均每英里的造价是56 000两白银，按当时黄金兑换汇率折算相当于39 200美元。不管那些爱挑剔的人怎么认为，还是必须说，这事实上是中国人为中国官方的铁路设下了一个建造铁路费用的标准。造价这样低的原因在于：首先，所有的中国工程师直接与订约人签约，因此铁路官员与订约者不需要支付费用给口译译员。接着就是，当时所有外国投资的铁路工程中，外国采购代理人是被允许收佣金的，但京张铁路中的每宗采购都不需要扣除佣金。

京张铁路在1909年完工后，詹先生继续被聘用进行线路延伸的工作。直至1911年末，所有原政府部门停止服务之前，这条铁路上都保留了他的职位。在1909年北京的通车典礼上，詹先生获得了人民的热烈赞许。这是他人生最值得自豪的时刻，他一生中仅有两次在其他场合有类似感受：一次是他获得了谢菲尔德理工学院的大学一年级数学奖，被容闳在所有留美同学面前赞扬之时；一次是在广州获得盛大的欢迎，他到那里就任粤汉铁路广东段的总理。为了褒扬他在京张铁路的杰出工作，詹先生获政府授予工科进士荣誉。他还曾任学部咨议官、邮传部的工程顾问。1910年，他曾任考核回国留学生的主试官，参与考核700多名从外国留学归国的考生。

在京张铁路通车后不久，四川省总督就发了一份请求给清廷，第二次要求把詹先生调出北京，让他担当川汉铁路的四川段修筑工作。因为京张铁路运行得很好，袁世凯同意詹先生接受这一任务，但仍保留他在京张铁路的服务职责。因此，詹先生1909年到了宜昌，接受商办四川铁路公司总工程司的职务。四川线的起点是湖北省的宜昌，开通至四川省，重要的是其还连通汉口。宜昌是长江的一个通商口岸，离上海约1000英里，位于有名的长江三峡口。这个公司此前曾聘用一位年轻中国人任选线工程师。他已经在四川的山区穿行了几年。詹先生到达后的工作是启动这条线路的修建工作。詹先生不喜欢所定线路远离长江，从内陆穿过，因为这样会使线路比江岸线更长。他觉得沿江岸线修筑更好。

但是，公司已经花了几年时间进行线路选定工作，不想再另花时间开展更多的摸查。股东们渴望见到成果，他们希望看到火车运行。省内的老百姓很好奇铁路是什么，他们已经听说了很多关于它们的奇妙性能，但在已经付出了很多金钱和等待了很长一段时间之后，没有看到任何建造的成果。之后几年，每当有工程师团队进入四川，当地人总是会说：“又来啦？”詹先生关于沿江岸线布线的意见，后来被汉粤川路四川段的总工程司、高级管理人员理查德·伍德·伦道夫（Richard Wood Randolph）带领的美国工程师们在1913—1914年间经过实地调研后认可。1911年，川汉铁路公司被政府接管，这一举动成为了中国辛亥革命爆发的最重要的导火索。辛亥革命后，连接汉口至广州和汉口至四川的两段干线，共同由英法德美四国银行团提供的贷款修筑。四川省的线路，这时被放给美国人，作为他们的修筑区段。

1910年，詹先生在宜昌，忙于启动筑路工作。这时，他被告知，他已被选为粤汉铁路广东区的总理，这条铁路时至当时仍是商办。在宜昌的线路已经启动和进入铺设修筑后，詹先生离开宜昌到了广州，履行他的新职责。为了替公司省钱，他还兼任了总工程司。1909年，他还被洛潼铁路公司聘为工程顾问。因此，在1910年全年和1911年的大半年里，他为四家不同铁路公司担当了六个不同岗位的职务。他这段时间，在北京、宜昌、广州等地奔走。

辛亥革命在1911年爆发时，詹先生正把自己的精力奉献给广东省内铁路的延伸修筑工作，也得以展现了他作为铁路公司管理人忠诚的品质。在革命的初期，广州和广州周边都充满着冲动的情绪。那些有经济能力的人跑到香港，靠英国人的旗帜保护。詹先生却留在工作岗位上。他的同事威胁要抛弃他，他的很多朋友劝告他，如果留在广州，他会没有任何施展才华的机会。他把铁路公司内不同部门的负责人召集起来开会，告诉他们：他打算把自己钉在自己的岗位上。如果他们当中有人害怕留下，那么可以离开。但是，在离开前，必须把所有工作向他或他指定的人井井有条地移交。结果，没有人表示要离开岗位。在整个革命期间，火车正常运行，铁路工作没有受到任何不好的影响。隔邻的一条铁路，由于它的主管和重要的领导人，在革命的动荡刚显现时，就逃离了岗位，而被洗劫，所有的东西被抢走。据说留下的员工大部分是低层员工，他们自己洗劫了铁路。

随着清朝皇帝的退位，国家在一些方面有序恢复，汉粤川铁路管理机构成立。袁世凯总统派了一位代表到广州，把詹先生带到首都，任命他为汉粤川铁路会办。袁世凯特别指定他在汉口的铁路管理机构负责技术监管工作。起初，督办这个岗位是作为安置岗位保留给一些参加革命的英雄的。在头一年，这个岗位的人选轮换得很快。后来，一位政治家获得了这个职位，但他仅任职了六个月就去世了。这时，袁世凯升詹先生任汉粤川铁路督办，任命的时间是1914年6月。从此时起，直到去世，詹天佑一直担任着这职务。他在任此职务期间，在汉粤川铁路的英国资金区段，在武昌与长沙间的路段，完成了修筑工程并通车；在德国资金区段，完成了164英里的路基的铺设，但当战争停止而复工后，钢轨仅铺设了很短的距离；在美国资金区段，没有任何的建设动作。

除了已经提及的荣誉，詹先生曾作为中国代表，被委派到哈尔滨的国际联合监管远东铁路委员会技术部任职。1916年，他接受了香港大学颁授的法学博士学位。他是交通部铁路技术委员会会长，曾以副议长身份主持全国交通会议，曾任交通部审定铁路法规会名誉会员，曾任交通部交通研究会会员。他两次[①]被民国政府授予勋章。1916年，在他们班毕业35周年庆典上，他的母校授予他荣誉文学硕士学位，但他未能抽出时间去美国接受。

在建造津浦铁路横跨黄河的大桥期间，建造工作曾经因为当地绅士要求增加跨度而暂停。当地人赶走德国工程师、德国承包人，拒绝让他们继续进行工作。主管人无法应付这种情况，感到无望，向政府请求帮助。詹先生被派来调查，并被授权能作主解决这个问题。他不仅向绅士们满意地解释了他们提出的问题，而且因在较近的小山挖取碎石降低了成本而获得他们的认同。在这项需要机智和外交技巧的官方任务中，他

① 按詹天佑自书家谱记述，詹天佑是三次获民国政府授予勋章。

为政府节省了数千元的费用。

在修筑京张铁路期间，詹天佑首次将“rack-a-rock”方法引进到中国运用。在他掌管负责的每条铁路内，他都设置了较高标准的薪酬发给中国工程师。他坚定相信中国工程师应该获得与同等级的、从事同种工作的欧洲工程师一样的薪酬。对年轻的工程师，他心中充满热切关怀，对那些曾在海外留学回归的年轻人更是如此。对于他们，詹天佑是他们的灵感，是他们的导航明灯。他总是乐于热心帮助那些希望得到他帮助的人。

下面的故事，是詹天佑为维护中国工程师的利益据理斗争的实例。当詹天佑任汉粤川铁路会办时，德国总工程师利诺（Linow）先生，发了一份公函给督办，要求批准以数名各级德国工程师取代中国工程师。利诺先生在他的信中说：“中国工程师素质差。”詹先生看到这封信后感慨万分。詹天佑强烈建议督办不必过多考虑这么一个应该被批判的申请。詹天佑清楚认识到，如果这些要求被允许，这将树立大批引入外国工程师的先例，并会被其他使用别国贷款修筑的铁路区段跟随。与此同时，中国工程师将会从铁路事业中消失。督办不想自己陷入对付这个德国人的麻烦，从北京拍电报称授权会办詹天佑全权处理这一问题。因此，利诺被请到督办的办公室来处理这问题。在他到来后，他被要求重读他的信件，以确认有否写错。利诺先生回答信件写得十分正确。这时，詹先生问他，“中国工程师素质差”这句是什么意思？利诺回答，他只是说那些还没达到标准要求的人。此时，詹先生把信递回给诺利先生，告诉他这封信说的范围太广了，他应该改正这封信。如果真正有利诺先生认为未达标准要求的人，可以换更好的，直至他满意。詹先生同时告诉他，如果有中国工程师被解雇，根据原来的贷款筑路合同，空缺必须由中国工程师填补。他还表达了这样的意见：不要因为是使用外国贷款筑路，就要引入外国工程师占据铁路的全部各级岗位，这是不对的。当然，让有经验的外国工程师任职重要岗位，较低层级的职位留给中国人实践与培训，这是可行的。最后，利诺先生见识了詹先生的义正词严，只能遵此执行。这只是很多例子中的一个，詹先生总是为了使中国人更好而自己勇于担当重任。

随着时光流逝，詹先生取得的成就，毫无疑问正越来越多地被人们认识。他是一个清醒的思想者，也是个说话不多的人。在他艰苦跋涉的漫长人生路上，没发现他做过一个错误的判断。他有坚强的信念，他总是容许争论，善于接受建议，为他人着想。从未发现他在作出承诺后会失信，他总是准时到达办公室，准时出席会议，准时出席社会活动。他在和那些早期一直陪着他奋斗的人们间，存在着深深的、真诚的情谊。在年纪较大的中国工程师眼中，詹天佑是他们的领导者，一位总是能给他们启示与帮助的人。他是直率的，在经营管理方面是开放的，对内心是诚实的，是远离个人利益的。在任何时候，他都是一位真正的君子，谦恭地对待一切，具有高尚的道德观念。

他是一位具有极简生活特色的人，极其谦逊，从不心怀怨恨，从不贬低那些反对他的人。他从不妒忌那些职务比他高的人。他总是想着自己身为一位工程师，不应越界到政治事务中。当革命党请求他加入他们的队伍时，他礼貌地拒绝了，并说他只是一个工程师，靠他的创造性和建设性的努力，去谋求社会进步。他是中国工程师学会的创始人之一，获得黎元洪总统的赞赏。他的目标是在政府的统领下，使社会更具活力，让社会成员获得走上技术岗位的资格与机会。他通过努力，募集了数千元，为学会设置了建设基金。詹先生也因此在北京有了临时住所。只要他在北京的时候，他总是选择住在学会总部，而不是住入豪华的宾馆。

詹天佑是美国流行的棒球运动的爱好者。1881年，他在归国行程中，参加了由归国学生组成的全华队。全华队与半职业的奥克兰队进行了一场表演赛，美国球员对全华队员的出色表现感到惊讶。通过他的校友的文章，追寻他的历史，可知在耶鲁大学棒球队中，他有着强烈的兴趣。他热烈地爱好网球，不时与他的孩子们玩上一两盘。他过着简朴的生活，一直都没患病。直到一年多之前[①]，詹天佑首次患上痢疾后，一直

① 指作者写此文时的一年多前，即1918年。

没有完全康复。在过去的一年中，他的健康状况急剧变坏。但他却沉浸在工作中，希望接下来的日子他能迅速好起来。当徐世昌总统派他到哈尔滨代表中国政府到国际联合监管远东铁路委员会技术部工作时，他的身体健康状况相当糟糕。长时间的奔走与紧张的工作，对他的健康影响很大。在他短暂请假返回汉口三天后，他就被劝说住进医院，接受精心的治疗。

在到达汉口后，他就决定请求徐世昌总统让他辞去所有公共职务。起初，他还有时间请他的秘书拟好他的辞职书。随后，他就在医院去世了。为他治病的医生说，他的去世是因心脏衰竭和过劳。

在他向总统辞别的报告上，詹先生力劝今后要培训更多工程师，给他们实践的机会；建议任命一位有能力的专家，接替他自己在国际联合监管远东铁路委员会技术部的工作；最后，建议在所有工程师、旅行者、作家、商人、传教士都期待的伟大的将来，迅速完成汉粤川路，特别是四川段的修建。

对于詹天佑的去世，徐世昌总统发布了一个命令，指令国史馆把詹先生的事迹载入国家史册；拨出2000元支付丧礼费；安排湖北省省长代表政府在汉口致祭，并提供相关的帮助。詹先生在广州、上海、天津、汉口和北京的很多朋友举行了悼念追思，向他致以敬意。

詹先生在1894年被选为英国土木工程师学会会员①。他还是英国皇家工商技艺学会会员、上海工程学会（欧洲）会员、中华工程师学会会长、汉口留学生俱乐部主任，中国铁道协会会员。在大学时，他是阿尔法斐大学生联谊会会员。

詹天佑于1887年结婚，在广州安家。现除遗孀外，还有五个儿子，两个女儿。他的一个弟弟、一个姐姐还健在。他的大儿子和二儿子于1919年2月刚从美国归来。一位毕业于耶鲁大学土木工程系，另一位毕业于三州学院机械工程系。

下面的电报与信件，说明了认识他、与他有过交往的人们对詹先生

① 詹天佑在1894年是被选为英国土木工程师学会会友（预备会员），1909年才被选为该会正式会员。

的极度尊敬：

这封吊唁电报发自美国驻华公使霍恩·保罗·S.赖恩施（Hon Paul S.Reinsch）：

“我们为詹先生去世的消息感到震惊。他高效地为中国铁路发展服务。他的优秀品格，使他在所有美国人中获得特别的信任地位。”

国际联合监管远东铁路委员会技术部主任、美国土木工程师学会会员约翰·F.史蒂文斯（John F.Stevens）写下了以下字句：

“在我和詹博士成为深交之前，我仅因他是知名人物而听说过他。深交后，他的友谊使我十分地信任他。在我与他一起在联合监管委员会技术部工作的短暂时间里，他对我们研究的问题都能快速地理出纲要，他的迅速、直截了当、杰出的判断力，都给了我深刻的印象。

“作为一个很少言语的人，他是很果断的。我们都很尊重他的意见。人们很容易看到，他具有更有价值的、更强大、更广阔的理解力和全局观念，加上具备有关铁路问题的全面的技术知识，就形成了他坚定的信念。

“更重要的是，他是一位君子。一方面，留在记忆中的与他的交往，令我极其愉快。另一方面，令人深感痛心的是，他的去世，不仅是我们所有同仁的损失，更是他的国家的一大损失。”

汉粤川路美国资金区段总工程师、美国土木工程师学会会员C.J.克劳尔（C.J.Caroll）写道：

“在过去两年中，我曾与现已故的詹博士在川汉铁路事务中有工作交往。我总发现，他不但对铁路最终成功建成有强烈、专注的追求，而且对中国的铁路全面发展有着广阔角度的深刻思考。

“人们知道，因为詹博士的技术能力，他成为中国土木工程师的领军人物。对此，我多次有机会观察到，他是一位取得了真正成就的人，如经过自始至终的持续努力，胜利完成京张铁路的修筑等。整体来说，他是一位在发展中国交通运输系统方面，具有深远理想、广泛兴趣、持久热情的人。

“所有与詹博士交往的人，不但都情不自禁地赞赏他作为行政管理者、思想家、工程师的能力，而且更赞赏他的志趣品格、君子风度。这的确鼓舞信心，振奋士气。

“他在临终之前，还在遥想他伟大理想的实现——打通以艰险闻名的长江三峡，让铁路通到四川。他的逝世，是中国的巨大损失。我相信，中国将赋予这位著名的人更高的荣誉。”

下面的信件是汉粤川铁路美国资金段前驻段工程师、美国土木工程师学会会员H.A.莱德（H.A.Raider）发出的：

“笔者有与詹天佑博士专业交往的愉快经历，在此表达在失去了这

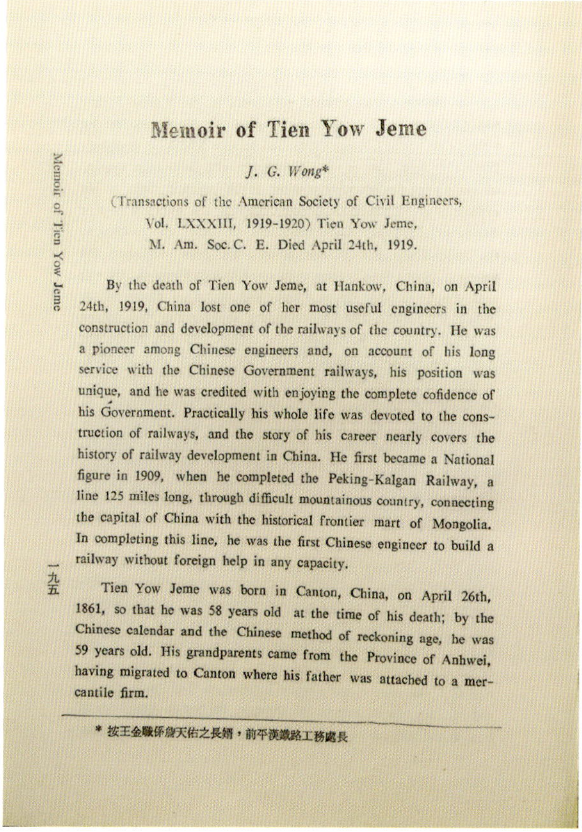

Memoir of Tien Yow Jeme

Memoir of Tien Yow Jeme

*J. G. Wong**

(Transactions of the American Society of Civil Engineers, Vol. LXXXIII, 1919-1920) Tien Yow Jeme, M. Am. Soc. C. E. Died April 24th, 1919.

By the death of Tien Yow Jeme, at Hankow, China, on April 24th, 1919, China lost one of her most useful engineers in the construction and development of the railways of the country. He was a pioneer among Chinese engineers and, on account of his long service with the Chinese Government railways, his position was unique, and he was credited with enjoying the complete cofidence of his Government. Practically his whole life was devoted to the construction of railways, and the story of his career nearly covers the history of railway development in China. He first became a National figure in 1909, when he completed the Peking-Kalgan Railway, a line 125 miles long, through difficult mountainous country, connecting the capital of China with the historical frontier mart of Mongolia. In completing this line, he was the first Chinese engineer to build a railway without foreign help in any capacity.

Tien Yow Jeme was born in Canton, China, on April 26th, 1861, so that he was 58 years old at the time of his death; by the Chinese calendar and the Chinese method of reckoning age, he was 59 years old. His grandparents came from the Province of Anhwei, having migrated to Canton where his father was attached to a mercantile firm.

* 按王金職係詹天佑之長婿，前平漢鐵路工務處長

一九五

王金职悼念詹天佑的英文文章的开头部分[1]

① 高宗鲁、凌鸿勋：《詹天佑与中国铁路》，（中国台北）近代史研究所，1977，第195页。

位朋友、这位对他的国家发展庞大的铁路系统具有不可估量价值的工程师时，心中的沉痛感受。

“毫无疑问，詹博士是中国至今最有才华的工程师，堪称中国工程之父。因为，他不仅是第一个完全依靠中国人来建设和经营一项庞大并困难的铁路事业的中国工程师，他还总是率先资助、鼓励、维护能促进中国工程学术事业发展的学会与措施。”

“他有卓越才华、高尚品格，足以激励他的同仁增强意志和坚定信心。对岗位职责，他以充满热情与独特的专业态度去承担。对每项政府分配的工作，即使到生命的最后阶段，他都以这样的态度去担当。这些难道不与他的过早去世有间接的关联吗?

“我坚信中国青年工程师，都会以他为榜样。一个人如果能运用好他自己所具有的能力，就能在商业社会中积聚财富。”

1909年11月30日，詹先生被选为美国土木工程师学会会员。

第三部分

凌鸿勋①：詹天佑先生年谱·编后②

① 凌鸿勋（1894—1981），字竹铭，原籍江苏常熟，生于广州。早年就读于邮传部上海高等实业学堂。1915年毕业后即赴美实习，并进入哥伦比亚大学深造。1918年返国后，历任交通部路政司考工科副科长，京汉铁路工程师，交通大学教授、校长，陇海铁路工程局局长。1932年任粤汉铁路株韶工程局局长兼总工程师，主持修建株州至韶州间铁路，后历任湘桂铁路工程局局长、西北公路管理局局长。1945年任交通部常务次长。1950年至台湾，历任台湾大学土木系教授、台湾中国石油公司董事长。1981年在台北病逝。著有《中国铁路志》《詹天佑先生年谱》《七十年来中东铁路》等。（摘自广东省中山图书馆、广东省珠海市政协编《广东近现代人物词典》，广东科技出版社，1992，第423页。）

② 高宗鲁、凌鸿勋：《詹天佑与中国铁路》，（中国台北）近代史研究所，1977，第145—154页。

余编詹先生年谱既竟，觉意尤有未尽。良以年谱体例只分年记其人之事迹，与其有关事业之因果，足为撰写其传记之重要线索而已，此外对于其人之言行，以及师友渊源，与其事功之特别足述者，宜有一综述。是以不揣浅陋，于年谱之外，另撰一编后。

先生生于清季，历咸丰、同治、光绪、宣统四朝，正值中国新旧思想激荡，政治兴替转捩之际。虽先生在世只不过五十八年，而此五十八年间，身经太平乱事，英法联军之役，中法之战，中日之战，戊戌政变，庚子拳乱，日俄之战，辛亥革命之役，与第一次世界大战，真可谓饱经内忧外患，行拂乱其所为之时，对于先生之思想学业与其事业自发生甚大之影响。先生生于广州，自其祖迁粤后，居粤已有两代。先生之母为粤人，故先生实有粤人笃实沉毅之传统个性。先生早年虽读书于私塾，而其时西方文化与挟以俱来之帝国主义与经济侵略已敲到中国南方都会之大门，且以与香港邻近，于西方新事物，接触尤多，幼年即有志于西学自不为无因。先生生于没落之世家，因新式科学与技艺之逐渐输入，知不能再行闭关自守，亦以家庭经济之压迫，知不能再墨守旧学，而不得不接受新式教育，先生生于此一时代，正受着环境变迁之支配。

与先生幼年命运最有关，而断定先生一生之事业，此中乃有二人焉。一为谭伯邨先生，即先生之岳父。谭先生为如何人，他无可考，只知其为先生尊人兴洪公[①]之友好，家境较詹家为裕，常往来于广州香港之间。当清廷招收幼童赴美之消息传至香港，谭即力劝兴洪公遣先生应考赴美。在兴洪公犹疑未决之际，独慨然以其女许配与先生。以当时风气未开，中美间远隔重洋，又须俟十数年后始能返国，而独以爱女许配与一童稚而将飘蓬异域之人，其识见实属超卓。此谭伯邨氏事也。又其一为容闳氏，则与中国整个维新事业影响尤大。据容氏所自述，道光二十七年（1847）即在澳门随其师布朗氏（澳门教会Morrison学校校长）放洋赴美，咸丰四年（1854）毕业于耶路大学[②]。鉴于我国之积弱，慨然有志于回国提倡新式教育，使其所身受者国人皆得而受之，俾有志

① 詹天佑父亲詹兴洪。

② 今通译为耶鲁大学。

青年学习各项技艺，兴办各种新事业，以跻国家于富强。然其计划直至回国十数年之后，始得达于曾国藩氏，而有同治十一年（1872）至光绪元年（1875）连续派遣幼童四批赴美留学之举。詹先生即为其第一批所选派三十人中之一人。容氏对于派遣学生有其独见之处。认为如已成年则初学外国语比较困难，惟十余岁幼童择其志趣远大，品质朴实，不牵于家累，不役于纷华者，假以十五年留学时间，方能吸收他人所长，得其精髓，回国后即可大有作为。独惜清廷只接受其建议，而未能贯彻其主张。不数年蜚语传来，遂有整批遣送返国之举。容氏于其监护学生之数年间，不惜与顽固派奋斗，舍副公使之尊荣而不就，以期一手扶植此辈青年。迨至遣返令下，容氏心情之沉重乃可想见。其时一百余学生中，只有二人得在大学毕业，詹先生为其一人。倘使容氏计划能以贯彻，每批学生能完成其学业，而先生等之毕业较早者更能于年富力强之际多加深造，其于以后事业之兴办与社会之改造当必十百倍于当时。容氏计划虽中变，然此百十人者对中国新兴事业已有不可磨灭之功绩，其中得一如詹先生者，容氏亦可无憾矣。

先生在美国留学计共九年，由预校而中学而大学，饱受美国式教育，熟习美国式生活，同时亦接受汉文教育，未忘本国文化，于中西学术皆有其基础。先生大学毕业之年才二十一耳，在同批出国学生中，仅有先生与欧阳赓二人毕其学业，足见先生笃学为侪辈之冠。既迫于政府之命，匆匆回国，而其时先生所学之土木工程与铁路建筑在国内尚无用武之地[①]，乃一遵政府之命，先服务于船政，继服务于海岸测绘，计回翔于闽粤两省者达七年之久。虽用非所学，却可藉以动心忍性，增益不能。观于中法之役先生所表现[②]，更足征其勇于任事，忠于职守。

先生之得入中国铁路公司系由于伍廷芳氏之识拔，先生与伍氏已

---

① 1881年开平煤矿已请英籍工程师修筑唐山至胥各庄铁路。但因清朝当时尚在争论是否应修铁路，因而詹天佑未被分配到此处，反而是一些不是学土木工程的同学被分配到此处了。

② 凌鸿勋根据当时一些报道，在《詹天佑先生年谱》中说1884年詹天佑在舰上参加了海战。但实际这时詹天佑已被调上岸当教习，未在船上参加海战。而詹天佑海战时在岸上的表现，当然也是“足征其勇于任事，忠于职守”的。

往之渊源不得其详。先生之入铁路公司，闻系由于邝孙谋氏之推荐，邝氏初名景阳，系同治十三年（1874）。第三批幼童官学生赴美。当光绪七年（1881）全部学生被召返国，邝氏尚未在大学毕业。返国后正值开平煤矿兴筑唐胥段铁路，邝氏即入该路任管理材料之事，荏苒六、七年之久，迨铁路先后展筑，缺乏工程人才，邝氏以先生在粤用非所长，特为言于公司总理伍廷芳氏，伍氏遂延先生赴津任事。伍氏任铁路公司总理为时并不久，与先生关系想不甚深，然苟非伍氏之识拔，使先生得于壮年获得筑路之基本经验，则先生即使不至终老于水师，亦将蹉跎其岁月，如是中国铁路之发展或将是另一个局面。

先生二十八岁始入铁路为初级工程师，自后连续负路工责任者凡三十一年，未尝间断。其所曾服务之路有关内外、津卢、西陵支线、洛潼、沪宁、道清、萍醴、津浦（黄河桥开工时曾一度奉派前往协助）、潮汕、京张、张绥、粤汉、川汉、中东[①]等路。各路之组织形态，有国有借款，国有自办，商办，国际银团，国际合作等之不同。其国际折冲之对象，有英、美、德、法、比、俄、日、意等国。此三十一年间，先生之铁路生活其范围之广，空间之大，性质之杂，问题之繁，无可伦比，此写先生传记所不可不知者也。

先生在各铁路中服务最久，勋业最隆，自为京张铁路之兴筑。在京张路未筑以前，中国铁路多系借外款兴筑，路权之损失姑不具论，即就路工本身而言，掌理工程之高级人员多属外籍，不但薪给特殊优厚，而且以不谙中国民情与地方语言之故，常须假事权于翻译，不肖之徒遂不免从中作祟，而购料有折扣，包工有陋规，国家损失甚大，铁路之成本亦自然增高。京张铁路之议初起，英国与俄国均视为利权所在，而英国厂商欧陆厂商甚至日本包工亦思染指。其后决以自款自办，而由先生出任艰巨。先生固洞悉借洋款修路损失之情况，故其总司京张工程即告同人以成败利钝不独一路之所系，而为今后国人自筑铁路名誉所攸关。故对于其所任人员，提高其待遇，鼓舞其士气，而尤致意于风气之改造，

① 中东路，非詹天佑修筑，为中俄合筑铁路。詹天佑只是在1919年国际联合监管远东铁路委员会技术部担任中国政府代表时，极力维护中东路路权。

革除陋习，使国家不至蒙其损失。今试将京张路用款几项数字，与京张铁路同一时期之其他各路用款数字，一为比较如下：

（甲）全路建筑工款平均每公里约用银元数：

沪宁铁路	122 900元
津浦铁路	119 000元
京汉铁路	95 600元
京奉铁路	94 600元
京张铁路	48 600元

一路之建筑用款自视其工程难易，设备与材料之高下而不同，京张路深入内地，无其他各路交通运输之方便，而工程特别困难。所经南口至康庄一段，开山凿隧道，其艰巨为他路所未有。至于用料则正道上全用八十五磅重轨，又因坡度甚大，须多用护轨轨撑，机车马力又需要较大，而枕木又多属好料，所可省者购地之款较少，又因系国库拨款，无财务上之支付，而其平均每公里之建筑用款，仅为京汉、京奉等路之一半，其为用款上之经济，自属显而易见，倘京张仍用借款兴筑，则建筑费可能增加一倍。

（乙）隧道工程用款：兹就同一时期其他各路筑造隧道费用比较如下：

粤汉南段	隧道共长	642公尺	平均每公尺用款银元	400元
平汉铁路	隧道共长	664公尺	平均每公尺用款银元	358元
京张铁路	隧道共长	1 645公尺	平均每公尺用款银元	319元

（丙）工程时期总务费用一项，其比例亦至为显著。借款各路用外籍人员固多，而每因工期拖长，致总务费用支出较大。京张铁路虽工程人员薪费从优，而组织单纯，用人精简，故总务费用较低。兹将同时他路建筑资本中总务费用比较如下：

津浦铁路	平均每公里约	10 000元
平汉铁路	平均每公里约	8 500元
沪宁铁路	平均每公里约	7 700元
京奉铁路	平均每公里约	6 300元

京张铁路　　　　平均每公里约　3 100元

由此可见工程艰巨之京张铁路，不但如期并在预算用款内完成而已，其用款之节省，实不容忽视，此中自有善为运用，并涓滴归公之人。

我国于清末民初，开始兴筑铁路，大半借用外债，主其事者合同有回扣，购料有佣金，其不肖者他更取盈焉。故当时因主办铁路而致巨富者，大有人在。京张铁路之兴办，款源有着，信任特专，又无其他审计稽核等苛烦手续，而能用款如此之省，自系由于待遇之合理，领导之得人，与风气之养成，固不在乎诸多法令之约束也。先生任铁路主管凡十有余年，而生活异常简单。当其在汉口任川粤汉铁路督办时，每常因公至京，辄寄寓于工程师学会宿舍，而不住于豪华饭店，此只其一端。先生注意于教育其子女，而身后并无多遗产，在当时铁路首长中实为凤毛麟角，足为后人矜式矣。

先生终身以工程技术为职志，躬行实践，不事宣传，不求表彰，不谈政治。生平受知于张之洞、伍廷芳、胡橘棻、盛宣怀、李鸿章、袁世凯、徐世昌诸显要。之数子者，在中国近代史上之评价另有定论，然能识拔先生并假以事权，固非有政治环境，或亲戚故旧之关系，而在为事求人，其选贤任能，足资称道。其时一般士习多以服官为荣，上述诸显要固当时皆炙手可热之人，先生如志在青云，则仕途大可扶摇直上，先生乃绝不藉以求仕进，而独忠于所学。中年以后仍乐于筚路蓝缕，体国经野之生涯，其志趣实至超卓。先生留美同学中，有梁敦彦、唐绍仪、梁如浩、梁诚诸氏，皆于回国后不久即飞黄腾达，早任要职。先生独浮沉于闽粤两省七年，始得置身铁路。复循资渐进，至京张之兴筑然后处囊脱颖，此原系技术家常有之过程。然先生获益于此辈同学者亦至多。例如京张路之筹筑，梁如浩氏正在京奉路，奉袁世凯之命与中英公司交涉提用京奉余利事。其时梁敦彦氏又以津海关道兼任京奉铁路总办，以京张铁路为我国京城直通内外蒙古唯一之要路，向袁氏进言万不能令外人干涉修筑，必须全由中国人自办。袁氏颇以此路工程艰巨，我国有无可以当此重任之人为虑。梁则力言与先生同时赴美，同在耶路大学，知其人学问渊博，经验丰富，铁路工程乃其专门，愿以身担保先生之能修筑此路，而不须外人之力，于是袁氏始决以先生负此路工程之责。唐绍仪氏在清末主持路政有年。梁诚氏于粤汉赎路时，正以驻美使臣任与美公司折冲之责，其后一度任粤路总理，而由先生继其任，皆与先生事业极有联系。

编者忝为先生乡后进，于束发受书之初，即习闻先生筑路故事。其中传说铁路分道岔为先生所发明，又谓车辆之自动挂钩亦为先生所发明。近年亦尚有以此两事是否确实见询者。今就时期稍加推断，先生系一八七二年赴美求学，已在英国有铁路四十余年之后。先生回国后初服务于铁路系在光绪十五年（1889）[①]，已在唐胥筑路之后八年。其时分道岔在我国自早已应用。至于车辆挂钩，则据美国铁路协会（Association of American Railroads）刊物所载美国铁路初期原用链钩以联接车辆，但早于一八六九年即开始为各种自动挂钩方法之试验。一八八五年起即有重要之进展，其时美国各式自动挂钩式样甚杂，至一八八七年始由车辆制造协会（Master Car Builders' Association）决议采用Major Eli H.Janney 氏所创制之自动挂钩，自后遂为美国所普遍采用，而为后来中国铁路之标准挂钩。先生初入铁路服务尚在一八八七年之后两年[②]，是由先生发明之说似无根据。先生在铁路之勋业自有其地位，而为中外所景仰，似不必于此加以附会也。

先生不善于词令。余于民国七年（1918）谒先生于北京工程师会，以后学就教于先生，亦觉先生讷讷然如不出诸口。先生以私塾学生而应留学试，以九年留美学生而返国后能适应旧日社会，在闽应变，在粤测险，在京张膺任艰巨，语曰“刚毅木讷近仁”，又曰“仁者必有勇”，先生其有焉。

先生婿王君金职，为留美工程师，曾任平汉铁路工务处长有年。先生次子文琮，亦耶路大学土木科毕业，编者长粤汉铁路局时，文琮

---

① 根据詹天佑自修家谱记载，詹天佑最初参加铁路工作时，是光绪十四年（1888）。

② 应为1887年之后一年。

晚清政府为了加强中央集权，削弱地方势力，试图控制铁路主干线，把原来批准的商办干线铁路收归中央官办，由此激发了中央与地方商办铁路势力的巨大矛盾。四川保路运动，是推翻清朝封建统治的辛亥革命的前奏。与此同时，广东也有保路运动，不过方式较平和些。当年两广总督署编辑的《两广官报》、20世纪30年代初粤汉铁路公司编辑出版的《粤汉铁路广韶段史略》和1936年9月16日出版的《铁道半月刊》第9期中的《陈雨声：粤汉铁路建设略史》等史料，记录了这一历史事件。本文根据这些史料，尝试梳理广东辛亥保路运动始末。

一、粤汉铁路的早期历史

本文所说的广东辛亥保路运动，是指1911年反对把原商办粤汉铁路收归清廷官办的斗争。要了解保路运动产生的原因，首先要回顾粤汉铁路修筑及路权变化的历史背景。

粤汉铁路最早由三省绅商提出修筑，后被美国合兴公司抢去了筑路权。光绪二十二年（1896）九月，总理各国事务衙门奏请统筹南北铁路。此时，鄂、湘、粤三省绅商欲通力合办粤汉铁路，并经奏准，开始测绘路线。接着，美国合兴公司请求承办粤汉铁路。光绪二十四年（1898），受命督办铁路总公司事务的盛宣怀委托出使美国的大臣伍廷芳与合兴公司签订《粤汉铁路借款合同》十五条。但此时因美国与西班牙开战，合兴公司无法履行合同，美国工程师则认为此合同对该路建设费预估不足。光绪二十六年（1900）六月，盛宣怀委托伍廷芳与合兴公司续订《粤汉铁路借款续约》二十六条。光绪二十七年（1901）十二月，合兴公司动工修筑支线广三铁路，光绪二十九年（1903）十月竣工。光绪二十八年（1902），合兴公司未经中方同意，把公司该路底股三分之二售给比利时，公司董事大半易为比利时人，公司在华的美国人陆续回国。

湖广总督张之洞极其担心美国合兴公司此种做法对中国安全造成危害。张之洞认为：在欧洲，比、法、俄关系亲密，京汉铁路已由比、法合办，粤汉再入其手，则贯穿南北的干路大动脉全归他们掌握，再加上俄人所建的中国东北铁路，比、法、俄就掌握了中国当时的重要交通命脉，隐患巨大。光绪二十九年（1903）张之洞倡议与美国合兴公司废约。清廷允准，致电驻美公使梁诚与美商交涉废约。九月，合兴公司停办工程，美欲以华丰公司取代合兴公司继续合约，张之洞不允。考虑到废约涉及两国间的交涉，张之洞与梁诚商议把废约谈判改为赎约谈判。

经反复磋商谈判，中方与合兴公司终达成赎约协议。光绪三十一年（1905）八月，由梁诚与合兴公司达成赎约协议。合兴公司初开价计赎回股票、造路费及路有特权、矿权等共计1000多万美元。经梁诚及相关律师等反复交涉，最后达成为675万美元，另加小票及售价议定前未付的利息。向合兴公司第一期还款为八月初九日（1905年9月7日），由张之洞先向汉口汇丰银行暂借，还款及息共2 090 892.45美元。第二期还款是在九月，先以湘、鄂、粤三省督抚会同绅商向香港政府借款，向合兴公司还款及息共2 836 232美元。另还有原合兴公司曾售出的金元小票220.2万美元，须以九折实数赎回。向香港政府借的110万英镑，利息4.5厘，由三省摊还：鄂省还1/7，湘粤两省各还3/7[①]。是年，朝廷申明，赎回后再筑路不准再借外债，由三省派员各自督办。

赎回粤汉铁路修筑权后，三省制定了修路条款，订好计划，分省修路。翌年正月十三日（1906年2月6日），由湖广总督张之洞、两广总督岑春煊、湖南巡抚庞鸿书牵头召开三省商绅会议，制定三省分别修路、相互联系监督的三省修路条款十四条、预议路成后条款四条，对三省分摊的债务、技术人员聘任、勘路、材料准备、权益划分等事务作了具体规定[②]。光绪三十四年（1908），湖广总督陈夔龙奏请在鄂境把川汉铁路与粤汉铁路连接起来，清廷派督办粤汉铁路大臣张之洞兼任督办鄂境川汉铁路大臣[③]。

收回后的广东粤汉路段，开始为官办，后转商办。两广总督岑春

---

① 因当时未提及川汉路。粤汉路在湖北省的长度较短，故分摊较少的还款额度。

② 粤汉铁路局广韶段管理局机要课编辑室：《粤汉铁路广韶段史略》，1931，第25—28页。

③ 陈雨声：《粤汉铁路建设史略》，《铁道半月刊》1936年第9期，第8页。

煊派出王秉恩、向万鑅接收广东路段，任广东粤汉铁路总局总办。光绪三十一年十二月（1906年1月），岑春煊欲加各项税以筑路，但遭绅商反对。岑令番禺县逮捕反对加税的绅士黎国廉，引发全省公愤。次月黎绅士获释。岑后来还因此被调往贵州任职。省城许应骙、左宗蕃、黄景棠等绅商会同广州总商会、九个善堂等，乘势倡议招股收归商办。定5元一股，每股首期先收1元，二期收1.5元，三期收2.5元。不久即招到八万余股。

是年四月，商办广东粤汉铁路有限公司（以下简称“广东粤路公司”）正式成立，订立《广东粤汉铁路简要章程》十六条。选举郑观应为总办，黄景棠为副办，许应鸿、周麟述、左宗蕃为坐办[①]。公司接收从前合兴公司在广东的一切事宜，并占已开行的广三铁路七分之三的权益。光绪三十二年闰四月（1906年6月），北京已有谕令给岑春煊，正式批准粤汉铁路督商筹办。粤汉铁路广东段（以下简称“粤路”）完成了赎回路后由官办向商办的转变。是年农历八月，广州黄沙至韶州（韶关）粤路开始从黄沙起修筑，线路全长224公里[②]。

二、广东辛亥保路运动

宣统三年（1911）初，皇帝溥仪年幼，溥仪之父摄政王载沣监国，谕旨以载沣钤章和奕劻、那桐、徐世昌三人联署的方式代为颁布。当时清廷为加强中央集权，推出铁路干线收归国有、向外国银行借款修筑的政策，只允许铁路支线可以商办。原允许并正在举办的商办粤汉、川汉铁路要收回改为官办。由此，引起了官商之间就路权问题的复杂矛盾，四省商界掀起了保路运动。

① 粤汉铁路局广韶段管理局机要课编辑室：《粤汉铁路广韶段史略》，1931，第35页。

② 粤汉铁路局广韶段管理局机要课编辑室：《粤汉铁路广韶段史略》，1931，第63—64页。

（一）广东官方收路的启动

广东官方奉命启动了收路工作。四月十三日（5月11日），两广总督张鸣岐收到北京度支部、邮传部电报："昨奉谕旨，干路均归国有，定为政策。所有宣统三年以前商办干路各案，一律取消。应如何收回之详细办法，着度支部、邮传部悉心筹划，迅速请旨办理等因。除全录电咨并行知各路公司外，查川汉、粤汉皆属干路，遵旨会议收回，详细办法尚需时日……拟俟尊处查明账目，咨到公司所有实支款项，或由部筹还，悉听商民自办支路及可靠矿务，或一时尚无支路、矿务，可办领国家公债股票，按年保息，分期归本，亦可听便。并请台端察酌情形，分别电复，藉资参酌。目下工程，仍责成总、协理及工程司办理。俟派督办大臣到工，并循旧案会同督抚赶办。原有之总、协理，或可酌量改为帮办，以资熟手。"[①]当日，张鸣岐委派陈望曾往广东粤路公司查明相关情况。四月二十四日（5月22日），端方以候补侍郎任粤汉、川汉铁路大臣[②]。

与此同时，四川、湖南官方却对此提出了异议。广东官方向北京方面提出了要求管控好别的相关省份，以免影响广东这方面工作的请求。五月初二日（5月29日），广东当局电告邮传部："干路收归国有，粤中绅民初无异议。因闻湘公司反对颇力，川公司及咨议局要求仍归商办。粤路股东之在沪、汉及外洋各埠者，来电均主抗争。现据咨议局来呈恳为奏请收回成命，已札复俟开股东会议决再行酌办。但川湘等省既持异议，粤路更与川湘不同，愈滋借口。倘川湘异议不息，必至同受牵动。应请大部设法主持，勿使粤路被此影响。否则，全局动摇，断非一隅之力所有抵御。"[③]作为对广东官方要求的回应，五月初六日（6月2日）的电传谕旨，通报申饬代四川咨议局奏称川省绅民函电请饬暂缓铁路国有

① 《两广官报》（第一至二期，宣统三年五月），沈云龙主编《近代中国史料丛刊三编》第50辑，（台北）文海出版社，1989，第204—205页。

② 《两广官报》（第一至二期，宣统三年五月），沈云龙主编《近代中国史料丛刊三编》第50辑，（台北）文海出版社，1989，第226页。

③ 《两广官报》（第一至二期，宣统三年五月），沈云龙主编《近代中国史料丛刊三编》第50辑，（台北）文海出版社，1989，第450—451页。

的四川署督王人文[①]；五月初七日（6月3日），邮传部通报斥责代“湖南咨议局呈称湘路力能自办，不用借债，据情代奏”[②]的湖南巡抚杨文鼎。

（二）广东粤路公司股东的几次反对声浪

广东当局按度支部、邮传部的指令开展收路工作。但是，外省的反收路斗争还是影响到了广东。广东粤路公司股东大会召开讨论时，收路工作便遭到股东们激烈的反抗。随后，虽然广东当局驱逐了反抗领头人黄景棠，但仍有大量股东继续反对收路及收路中歧视广东的退股办法，继续提出保留商办。

1.黄景棠倡议广东粤路公司股东反对收路

广东保路运动的序幕，是由前广东粤路公司副办黄景棠在讨论收路的股东大会上掀开的。四月二十八日（5月26日），广东当局通知粤路公司总理詹天佑，可以在五月二十日（6月16日）召开股东大会，研究商办如何转国有的问题。翌日，邮传大臣电令粤路公司总理詹天佑续收三期股款，“一律给予国票保息以免另借洋债，并由专处将工程事宜妥筹开具实在预算，报部查核”[③]。这一举措与湖北、湖南、四川三省政策不同，因这三省已被明令停收股金及其他的路捐。五月初四日（5月31日），广东当局批准粤路股东大会可提前在五月初十（6月6日）召开。而在这天召开的粤路公司股东大会上，当进入股东投票表决程序时，广东粤路公司首任副办黄景棠在会场上倡议力争商办。如力争不得，另筹对待，并建议由董事局电禀邮传部力争，及请两广总督张鸣岐代奏收回成命，由股东们设保路办公室，分电外埠及湘鄂等省，合力反对。黄并宣布投票表决的议事表作废，不得开投票筒[④]。当天，广东粤路公司致电

---

① 《两广官报》（第一至二期，宣统三年五月），沈云龙主编《近代中国史料丛刊三编》第50辑，（台北）文海出版社，1989，第261—262页。

② 《两广官报》（第一至二期，宣统三年五月），沈云龙主编《近代中国史料丛刊三编》第50辑，（台北）文海出版社，1989，第228—229页。

③ 《两广官报》（第一至二期，宣统三年五月），沈云龙主编《近代中国史料丛刊三编》第50辑，（台北）文海出版社，1989，第213页。

④ 《两广官报》（第一至二期，宣统三年五月），沈云龙主编《近代中国史料丛刊三编》第50辑，（台北）文海出版社，1989，第451—452页。

川路公司："路归国有，失信天下。粤路蒸日[1]会议，股东合群反对，力筹对待，现就公司设保路机关所。彼此唇齿，务恳协力。"股东大会原决定五月十五（6月11日）再开会，再议反收路事，被广东官方行文制止。

黄景棠（1870—1913）为新加坡华侨，与夫人马励芸常来往于广州、中国香港、新加坡之间。光绪二十九年（1903），曾与其父黄福一起投资潮汕铁路。光绪三十二年（1906）四月，黄景棠被股东选为广东粤路公司副办，后因与总办郑观应意见不合而辞职。同年秋起，黄景棠主办广州《七十二行商报》，该报为广东商绅界维护商办粤汉铁路权益的报纸。翌年梁诚上任广东粤路公司总办、宣统三年（1911）初詹天佑上任广东粤路公司总理后，黄景棠仍十分关注粤汉铁路总公司的发展[2]。

邮传部于五月十三日（6月9日）两次复电两广总督张鸣岐从严惩办黄景棠，并严控电报局，不得发"有关涉抵抗路事电报""倘有党羽扰乱治安，亦应查明，据实具奏，一体示惩"[3]。但鉴于前任岑春煊抓捕黎国廉引起社会公愤事件，张鸣岐不敢贸然抓捕黄景棠，仅令其离开广州。

2.郭汝城等一百多名广东粤路公司股东反对还股歧视

虽然黄景棠被迫离开广州，但其余的股东的不同意见仍持续而来。针对邮传部制定的歧视广东粤路公司股东的退股办法，郭汝城等112位广东粤路公司股东联名反对。

早在四月二十二日（5月20日），广东官方向北京度支部、邮传部发出陈望曾关于广东粤路公司账目调查的电文[4]。同日，北京当局与四国银行正式签订了借外资修筑湖北、湖南、四川三省的粤汉铁路、川汉铁

---

① 即五月初十日。

② 邱捷：《黄景棠与清末广东铁路》，《学术研究》2013年第3期，第97—104页。

③ 《两广官报》（第一至二期，宣统三年五月），沈云龙主编《近代中国史料丛刊三编》第50辑，（台北）文海出版社，1989，第455、456页。

④ 《两广官报》（第一至二期，宣统三年五月），沈云龙主编《近代中国史料丛刊三编》第50辑，（台北）文海出版社，1989，第208—210页，兹不具引。

路的借款合同。广东粤路则以国家名义开收第三期股款继续修路。广东粤路征集商股款本最多，朝廷却在五月二十一日（6月17日）定发还四省股金时宣布了贬低粤股的做法："粤路全系商股，因路工迟滞，糜费太甚，票价不及五成。现每股从优先行发还六成，其余亏耗之四成，并准格外体恤，发给国家无利股票。路成获利之日，准在本路余利项下，分十年摊给。"[①]而其他三省的股票，如不愿换国家股票，则可全数发还股本。

对此说法，郭汝诚等112位广东粤路公司股东，作了细致调查，得出广东粤路非亏折而有盈利："近经股东等确切核算：查粤路头二期共收股本银一千九百五十八万余元。核与前月公司报告已成各路及建筑过半各工核实估价，并现存款项、购存物料、摊还英镑等款实收实支，原股不特无亏，且盈余二十余万。另黄沙先后购地，不过费价十万有奇，今加筑过半，时价又复渐增，计共值银一百七八十万元。此即公司之溢利也。"[②]因而恳请两广总督代奏，呼吁北京邮传部取消对广东粤路公司股东的还股歧视。六月（7月），邮传部派出参议龙建章清查粤汉、三佛铁路账目[③]。闰六月初五（7月30日），广东当局把详查广东粤路公司光绪三十二年至宣统二年（1906年至1910年）收支款的详情报度支部、邮传部和督办粤汉川汉铁路大臣端方[④]。但北京当局好像不相信这一调查结果。七月初三（8月26日），督办粤汉川汉铁路大臣端方派出原籍广东的吉林道颜世清"赴粤省调查，随时呈报"[⑤]。

此时的两广总督张鸣岐由于较审慎处理粤路事，没有太过激化矛

① 《两广官报》（第三至四期，宣统三年五至六月），沈云龙主编《近代中国史料丛刊三编》第50辑，（台北）文海出版社，1989，第468页。

② 《两广官报》（第十三至十五期，宣统三年闰六月至七月），沈云龙主编《近代中国史料丛刊三编》第50辑，（台北）文海出版社，1989，第2678页。

③ 《两广官报》（第七至八期，宣统三年六月），沈云龙主编《近代中国史料丛刊三编》第50辑，（台北）文海出版社，1989，第1539—1540页。

④ 《两广官报》（第十三至十五期，宣统三年闰六月至七月），沈云龙主编《近代中国史料丛刊三编》第50辑，（台北）文海出版社，1989，第2331—2377页。

⑤ 《两广官报》（第十三至十五期，宣统三年闰六月至七月），沈云龙主编《近代中国史料丛刊三编》第50辑，（台北）文海出版社，1989，第2519页。

盾。一方面，他加强对舆论宣传的控制，如八月初一和初四（9月22日和25日），《两广官报》两次发布通电："严禁借名保路开会演说""严谕各报馆勿得登载保路会文件及有意鼓吹希图煽惑人心各项言论"[①]。另一方面，张鸣岐再次电请北京当局，就四川乱局现状请审慎处理收回粤路事件，再次提出应十成归还粤路股本[②]。八月二十一日（10月12日），邮传部正式回复广东张鸣岐代奏的要求十成发还股本的提议，湖南、广东同样办法："仍遵谕旨，悉照粤股一律实发六成现银，其余四成另给国家印票，分作两年，每年给还二成。或归两年后一气全还。其未还以前，仍给发六厘利息。"[③]对比原定广东的余下四成"发给国家无利股票，路成获利之日，准在本路余利项下，分十年摊给"，有了一些改进。

3.麦巽董事等再提粤路商办

黄景棠事件后，广东粤路公司董事麦巽等看到张鸣岐愿为股东代奏争取十成退还股本，就再禀求张总督代奏允许粤路继续商办："合计粤汉川汉路工需款总在数千万以上，谅难免借用外债。……而一经借债，铁路权利尽操于外人之手，种种妨碍实不堪言。是借债收路有损于民而无益于国。今日股商虽可得回十成股本，而异日之担负，诚恐糜有穷期。与其收十成之股本至贻累子孙，何如争永久之商办而保全铁路等语。各埠股东众口一词，纷纷以禀请宪台力争商办，交责于董等数人之身。近更催迫愈甚。董等再四思维股东所言，类皆持之有故，且出自爱国之热诚。自维责任所在，未便始终缄默。"[④]但由于牵涉到清政府的底线，八月初八日（9月29日），张鸣岐对麦巽等人要求代奏的禀帖予以

① 《两广官报》（第十六至十七期，宣统三年七月至八月），沈云龙主编《近代中国史料丛刊三编》第50辑，（台北）文海出版社，1989，第3004—3007页。

② 《两广官报》（第十八至十九期，宣统三年八月），沈云龙主编《近代中国史料丛刊三编》第50辑，（台北）文海出版社，1989，第3167页。

③ 《两广官报》（第二十至二十一期，宣统三年八月），沈云龙主编《近代中国史料丛刊三编》第50辑，（台北）文海出版社，1989，第3587页。

④ 《两广官报》（第十八至十九期，宣统三年八月），沈云龙主编《近代中国史料丛刊三编》第50辑，（台北）文海出版社，1989，第3173页。

批驳，不予代奏。八月十九日（10月10日），张鸣岐行文通知广东咨议局，就呈来的保路会关于不借外债的提议，再次承诺不借外债，“全省士民均可毋庸疑虑”[①]。

（三）广东粤汉铁路公司总理詹天佑的态度

詹天佑是在宣统二年（1910）秋被广东粤路公司股东选为总理的，但在他上任公司总理兼任该路总工程司[②]职务、与任协理的留美同学黄仲良合作时，却迎来了宣统三年收路与保路的重大政治风波。作为曾经的清政府技术官员，他不能公开发表与政府主张不同的意见。不过他在四月二十三（5月21日）、五月十一（6月7日）、五月十七（6月13日）给川汉铁路副总工程司颜德庆的信件中，反映了他对此事的心声：“邮传部正在收回所有的铁路干线。是善是恶，终将有报。我强忍着不做任何评论，而每一个人都和我一样，洞悉此事。”“关于政府收回铁路干线一事，虽然在借款合同上没有提到广东粤汉铁路任何事。但是‘国有’一事，已经提及广东省，并已包括粤汉铁路。昨天，股东们举行了一次会议，他们全都拒绝政府收回，并且坚持商办。”“广州现在处于一种激愤的形势中，我希望不要有严重后果。但我想恐将导致一场前所未有的巨大悔恨。”[③]

詹天佑在实际行动上，是默默支持保路运动的。他对清廷几次派来查账目的人员，以及股东们自发要求的查账，都实事求是配合尽快查清，使清政府诬陷广东粤路公司严重亏损的指责站不住脚，以致两广总督张鸣岐都不得不帮助广东粤路股东代奏争取发还十成股本。正因为他的努力，广东当局不敢使用强硬手段收回路权，也保证了在辛亥革命的

① 《两广官报》（第二十至二十一期，宣统三年八月），沈云龙主编《近代中国史料丛刊三编》第50辑，（台北）文海出版社，1989，第3433页。

② 清末有一定行政权力的工程师的职位称“工程司”。

③ 詹同济：《詹天佑创业著述精选和创业哲学思想研究》，广东地图出版社，1999，第64—66页。

政治动荡时期粤路的继续修筑和正常运行[①]。

（四）粤汉铁路在民国时期的建设与路权归属

辛亥革命后，广东粤路仍由广东粤路公司负责，并继续向韶州（今韶关）方向修路。1916年6月通车至韶州。至乐昌高廉村山洞，就因资金缺乏、山势险峻、军阀混战而停顿下来。1933年，铁道部向中英庚款委员会借资金[②]和以粤汉铁路南段运营收入为筑路资金，由凌鸿勋领衔，用时两年零八个月修通，于1936年竣工。粤汉铁路至此才全线通车。此时粤汉铁路从武汉通车广州，原分北、中、南三段设局管理的机构，改组为粤汉铁路管理局一个局。这时广东粤路已由商办变官办，应没有疑问。

在保路运动中活跃的人士，革命后际遇各不相同。詹天佑继续留在广东粤路公司工作。1912年5月17日，詹天佑在公司会见前来视察的孙中山，随后被委任为汉粤川铁路会办，仍兼广东商办粤汉铁路总公司总理一职。原广东粤路公司总工程司一职，由原副总工程司容祺勋升任。直至1914年5月，詹天佑兼任的广东粤路公司总理一职，才由欧赓详接替。张鸣岐在辛亥革命广东宣布独立时，逃往香港，后再逃日本。1912年回国扶助袁世凯。1916年起退隐上海、天津[③]。辛亥革命广东宣布独立后，黄景棠立即回到广州，一度被聘为“都督府九等顾问员”。后革命党人逐步采取排斥原立宪派绅商的政策，一度被吸纳进军政府的绅商领袖黎国廉、黄景棠很快退出。1913年，黄景棠去世。[④]

① 詹天佑的长女婿王金职在詹天佑逝世后写有一篇纪念詹天佑的英文文章（J.G.Wang:Memoir of Tian You Jeme），其中提到詹天佑在这个时期的工作。该文原载the American Society of Civil Engineers，Vol.LXXXIII，1919—1920。中国台湾“中研院”近代史研究所史料丛刊第4期（1977）登载的高宗鲁、凌鸿勋合编专集《詹天佑与中国铁路》内，有此英文文章的全文转载，本文提及的詹天佑坚守岗位迎辛亥革命的相关内容，见该书第206—207页。

② 陈雨声：《粤汉铁路建设史略》，《铁道半月刊》1936年第9期，第10页。

③ 广东省中山图书馆、广东省珠海市政协合编《广东近现代人物词典》，广东科技出版社，1992，第246页。

④ 邱捷：《黄景棠与清末广东铁路》，《学术研究》2013年第3期，第103页。

三、余论

广东商界的保路运动，虽较平和，但有实效。随着辛亥革命爆发，广东官方收回粤汉铁路的行动不了了之。本来，商办、官办没有绝对的谁好谁坏之分。商办有商办的好处，在资金、人才方面较灵活，起步快；官办有官办的好处，可以集中力量办大事，如地势险峻的株韶段，拖了十六年时间，才再动工，结果最后两年零八个月即修通。当时的《铁道半月刊》称这是继詹天佑修京张铁路后的又一可喜成就。回顾1911年广东保路运动，绅商民众之所以有如此反应，不仅因为政府朝令夕改的铁路政策损害自身利益，更因为对清廷统治失去信心，对借外债筑路产生丧失路权的恐惧。因此，保路运动与其说是民间社会与清政府间的经济抗争，倒不如说是民间社会就国家发展、绅商民众权益与清政府进行的政治斗争。

当年的黄沙车站与商办广东粤汉铁路总公司牌楼

1912年5月17日，詹天佑（前右一）在黄沙粤汉铁路总公司会见了前来视察的孙中山先生（前中）

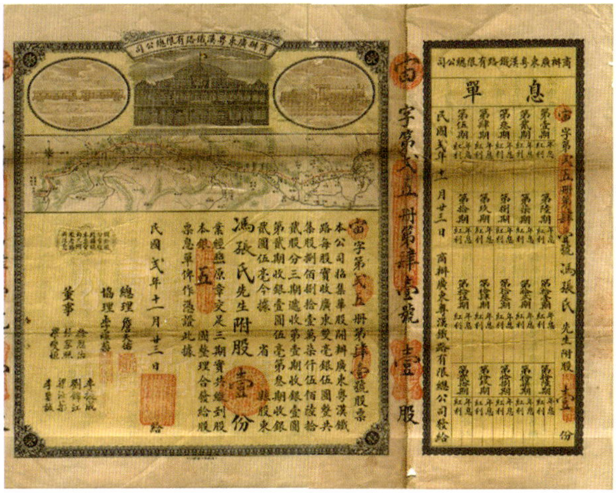

1913年发出的粤汉铁路股票

第五部分 詹天佑创办广东中华工程师会

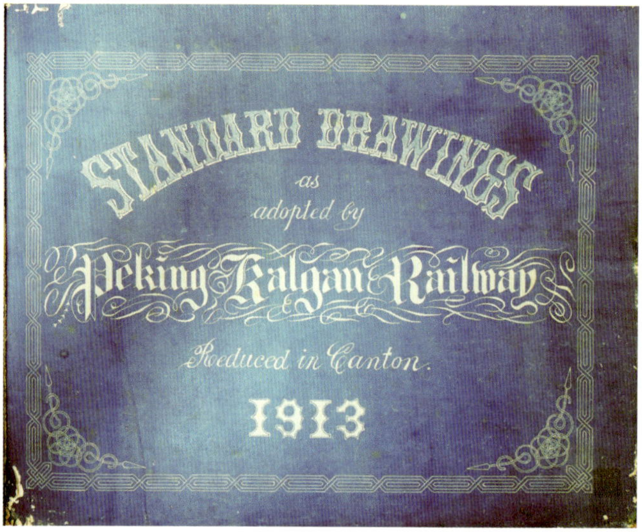

1913年广东中华工程师会在广州出版的英文版《京张铁路标准图》。此书由詹天佑留美同学、广州同乡梁普照之子梁启英先生珍藏，并由梁启英之子梁赞勋先生捐赠给广州市荔湾区政府部门

詹天佑在工程技术方面学习的是西方理工科理论与实践体系，回国工作后，仍与国外科技人员保持着联系。1892年，修建古冶至山海关铁路的滦河大桥时，复杂的山洪多发水文状况，外国工程师柯克斯无法以平时使用的桥墩基础打桩法建起桥墩，耽误了工期，直接影响到全线的贯通。詹天佑被委以重任，修建此桥。他引入气压沉箱法修建桥墩基础，解决了柯克斯的难题，大桥于1894年2月正式通车。因很满意詹天佑的工作才能，总工程师金达联合其他一些工程师，推荐詹天佑成为英国土木工程师学会会友[①]。1909年，詹天佑修通了京张铁路，被美国土木工程师学会、英国土木工程师学会吸收为正式会员，并成为英国皇家工商技艺学会会员、英国北方科学与文艺学会会员。在工作实践中，詹天佑深深体会到美英等先进科技国家中专业学术团体对科学技术发展的推进作用。因而，当詹天佑抛开个人安危，在辛亥革命期间，坚定地留在广东粤汉铁路总公司保证铁路畅通，迎来新政权建立后，詹天佑便推出了自己的新想法，在广东建立广东中华工程师会，团结广东的工程师们，推进广东各方面的科技进步与发展。

① 会友，即特约会员、预备会员，非正式会员。

1912年2月，他在广州和志同道合的工程技术人员一起，创办了广东中华工程师会，并被选为会长。1913年，詹天佑主编了英文版《京张铁路标准图》，由广东中华工程师会在广州出版了晒图版。该书是我国第一部铁路工程标准图册，对推动我国铁路工程标准化起了重要作用。书为8开本，收录了49项标准，共102页蓝图，从多种规格的桥梁、涵洞，多种规格的钢轨、轨道、道岔、渡线，车站站房、员工宿舍，隧道，水塔、水鹤、客车车厢，机车库，铺轨，到里程碑、站牌、汉字、英文字母、中国数字、英汉对照技术名词等方面，都制定了规范技术标准。每页蓝图右下角都有一不起眼的英文签名，这应当是绘制该图的技术人员签名，计有：H.T.Liang，C.Y.Liang，T.F.Chan，S.Y.Scen，S.Y.Wang。前两位为本图册的主要绘图者，本册大部分图均由他们绘制而成。其中，C.Y.Liang可能是梁启英，他曾在京张铁路实习，后长期在粤汉铁路公司任工程师。

也是在这一年，因保路运动和辛亥革命停工回到上海的两位铁路工程师——原川汉铁路副总工程师颜德庆，发起成立上海工学会；原洛潼铁路领袖工程师徐文泂，发起成立上海路工同仁共济会。两人都任会长，都函请詹天佑任名誉会长。这一年夏天，詹天佑因公前往上海时，与上述两会协商合并事宜。1913年8月，三会正式合并，成立中华工程师会，拟定了学会章程三十条，设事务所于汉口，詹天佑被选为会长，合并时共有会员148人，以后每年均举行一次大会。1914年1月开始，每月定期出版《中华工程师会会报》。1915年，改称中华工程师学会。总会后来迁至北京。1917年购置西单报子街76号为常驻会址。

1913年广州英文版的《京张铁路标准图》目录（译文[①]）：

标准编号	标准名称	页数
标准1	12英尺[②]跨度桥梁	1

① 本目录译文由胡文中翻译。

② 1英尺=0.3048米。

标准2	20英尺跨度桥梁	1
标准3	30英尺跨度桥梁	1
标准4	60英尺跨度桥梁	1
标准5	100英尺跨度桥梁	1
	100英尺跨度通透钢梁	2
标准6	10英尺跨度桥梁与4英尺宽明渠	1
	10英尺跨度桥大梁（标准6附图）	1
标准7	4’×4’ 排水沟	1
标准8	8’×5’ 牛拱①	1
标准9与9a	隧道截面图	1
9b	隧道截面图	1
标准10	竖曲线	1
标准11	交汇点表格	1
标准11a	交汇点表格	1
标准11b	扳道点和交汇点表格	1
标准12	4’×4’ 双排水沟	1
标准13	一级车站建筑	2
标准14	二级车站建筑	2
标准15	三级车站建筑	2
	车站名范例	1
	车站正立面装饰	1
	车站名用英文字母	2
	票台和长凳	1
标准16	平交道栏闸	1
标准17	平交道栏闸	1
标准18	车辆保养厂	4
标准18a	车辆保养厂	3

① 此处原英文为：Cattle Arch.

标准19	领班宿舍	2
标准20	养路工室	1
标准21	员工宿舍	1
标准22	门和窗	3
标准23	12.5英尺直径储水罐屋	2
	12.5英尺直径储水罐	2
标准24	20英尺直径水塔	4
	20英尺直径储水罐	2
标准25	60磅钢轨轨道	1
标准26	20英尺跨度高桥	1
标准27	85磅钢轨轨道	1
标准28	扳道点与交汇点	1
标准29	机车用品储藏室	2
标准30	最小通道	1
标准31	鸣笛信号指示牌	1
标准32	复合缓和曲线	1
标准33	双20英尺拱	3
标准34	双30英尺拱	3
标准35	工程师宿舍	2
标准36	扳道工室	1
标准37	平交路口	1
标准38	双10英尺拱	3
标准39	凸缘梁	1
	12英尺和20英尺跨度桥梁	1
	30英尺跨度桥梁	1
	40英尺跨度桥梁	2
标准40	钢梁	1
	200英尺跨度桥墩	1
标准41	路堑和路堤的横截面	1

第六部分 广州詹公追悼会祭文挽联汇钞①

① 1919年4月24日，詹天佑因病于武汉逝世。4月30日，总统徐世昌下令为詹天佑隆重治丧，派湖北省省长何佩瑢前往致祭。全国多地也举办了悼念活动。广州于7月27日举行了隆重的詹天佑追悼会。而当时，国内的形势由于袁世凯和张勋先后复辟帝制遭到反对，多种政治势力在博弈。1917年7月，孙中山与率第一舰队的海军总长程璧光一起，从上海回到广州，举起了护法大旗。8月25日，召集了到穗的原国会议员，召开了“非常国会”。非常国会在广州成立军政府。孙中山任大元帅，唐继尧、陆荣廷任元帅。1918年，非常国会通过《修正军政府组织法》，准备取消大元帅首领制，孙中山辞去大元帅职，返回上海。广东军政府改行七总裁合议制，非常国会推举岑春煊、孙中山、唐继尧、陆荣廷、伍廷芳、唐绍仪、林葆怿七人为总裁，岑春煊为主席总裁。孙中山没有就职。南方与北方则继续着各自的国会与政府的对抗，曾尝试和谈，但没成功。当时的南方政府主要领导人没有参加追悼会。此追悼会祭文和挽联集，是晒图版，应是由当时在广州的中华工程师学会制作。此稿源自詹天佑留美同学、广州同乡梁普照儿子梁育之保留的汇钞集，由其子梁赞勋先生提供。北京八达岭詹天佑纪念馆也收藏有此汇钞集。

詹公追悼会祭文挽联汇钞目录

广州詹公追悼会祭文挽联汇钞

粤追悼会祭文[①]：

维中华民国八年七月二十七日，梁澜勋等谨以素馐清酌，致祭于汉粤川铁路督办詹公眷诚之灵曰：呜呼！我公岭表奇英，天姿颖异，博学成名，屡建奇绩，中外同钦。胡天不弔，遽陨大星。溯公龆龀，负笈求师。重洋远涉，艰苦不辞。学成致用，大府嘉之，敷教海陆，施工津榆，多历寒暑，屡涉险巇，巍巍成绩，皆公勤劬。蓟北京张，国之重防，不资异族，巨任独当，缒幽布轨，凿险架梁。夏爆炎熇，冬犯严霜。五年汗血，公鬓已苍。江汉之浒，中原绾毂，水陆澳区，南粤西蜀，枝干纵横，公秉其轴。欧西构兵，财源几涸。计款策工，先通湘鄂。心力交瘁，衰病侵寻。哈滨于役，力疾駪征。折冲尊俎，伟论持平。综公行谊，寰宇知名。何期回轸，遽痛骑鲸。迢迢汉水，渺渺洞庭，精灵不泯，兰芷常馨。呜呼！志道游艺，维公精醇。明体达用，维公笃诚。公之交际，坛坫增荣。公之教士，桃李盈门。苍天何酷，不佑善人，山崩木坏，塞黑枫青。追思遗范，涕泗沾襟。馨香奠醊，来格来歆。尚飨。

① 翻译家、外交家，曾任驻澳大利亚使官、粤海关监督等职的梁澜勋宣读了追悼会主祭文。

粤路工程同人祭文：

维民国八年七月二十七日，粤路工程同人，谨以清酒庶羞致奠于汉粤川路督办詹公之灵，而哭之曰：呜呼！我公留学巨子，首掇一枝，由学入宦，神智不移。自初迄终，名节无亏。公自龆龀，国当盛时。李相郭督[①]，妙选童儿，出洋学艺。得公英姿，学成而归。克嶷克岐，风气尚塞。无所用之。敛翅返粤，受聘水师。用非所学，教惟英辞。开平煤矿，铁路初基。任公建设，职有专司。成效昭著，名誉飚驰。京张创办，虎视鹰窥。中国无才，异族所欺。惟公出首，一柱擎支。凿山通道，履险如夷。功成不日，各国惊疑。诧为天授，赞为神奇。此中有人，不可轻嗤，赠公博士，缀以伟词。大名远播，为国增辉。诸路继起，请公主持。群策群力，惟公指麾。粤汉川汉，国之纲维。公总其任，措置咸宜。中东朔漠，国之边陲。公御其侮，不激不随。公之经营，万代应思。鞠躬尽瘁，矢志弗衰。公之廉介，簠簋无私，愧励末俗，皎皎清规。公门桃李，一手荣滋。楚材渐摈，塞此漏卮。邦家柱石，舍公其谁？忽闻溘逝，一旦骑箕。我来涕哭，为国伤悲。梁木其坏，哲人其萎。昊天不弔，一老不遗。呜呼！我公神其有知，来享来格，歆兹醇醨。哀哉！尚飨。

中华工程师学会在粤会员祭文：

呜呼！先生百粤之精，勋业震惊。当其童年远学，奋志自励己。等终军之请缨。逮夫回国，习武乘风破浪，竟同儒者之知兵。又尝执教鞭而业，传四远树人，遂布群英。掌绘事，而周图粤海，差无累黍。盖穷乎沧瀛，既当强立之年，已昭圭璋令德。乃知来日之勋，似兆丰年而有瑞雪之先呈。于是，同志相召，北走辽天，创物述守，作车是营。呜呼！公之奇才异能，迈古今而远流异国者，惟伍公[②]能窥其蕴，始发其瑛。自兹而奔走中原，北及蒙边，南尽粤海。轨辙交驰大地，客至有如海倾。食西学而化开国技，与欧美抗衡，不苟行而苟同功业，侔乎万世

① 李相，指支持容闳派幼童赴美留学的李鸿章。郭督，暂未能查证此指何人。

② 伍公，指1888年把詹天佑召入中国铁路公司的当时公司负责人伍廷芳。

之长城。然隧幽凿险，曾来燕雀之测，含羞蒙垢，乃有功业之成。在粤之日，既盛鼎革之烽烟，又呼癸而呼庚。呜呼！公虽有沉毅果敢之志，固已疲于栉风沐雨之力行。况又盘根错节，掷生命与忧患相争，此其未臻上寿也。不待二竖之侵已先朕于百结之愁，萦以湘鄂之繁庶际中外。兵燹大创之后，谋利交通，公岂敢稍休其身心。而自比于太上之忘情边庭万里，蓦来世界竞争之涡折寿危难。公又致其鞠躬尽瘁而卒蹈榛荆。呜呼！公之崇德务实，迥异世俗。故遇事必躬必亲。更焉计其一身之重轻。至其技术学问，专务世用，不图标榜以求名。其诱掖后进，不弃寸长，而乐事提擎。其救国呼吁，恒动斗牛之剑，鸣禹域沉沉，赖兹光晶。天祸中国，萎我哲人，而空遗群盲。呜呼！功在天壤，名垂后生。公之死生，公固无憾于苍闵。独是荆棘，载涂狐鼠咿嘤。更谁为匡扶正气，激浊而扬清？今者追悼致祭，谨献醴牲。音容如在，莫止涕洟[1]之自萌，仪范永隔。悲夫！德业之难，赓灵爽有知其鉴，兹断肠之声。呜呼哀哉！

粤追悼会联额文：

大门额　　闳中肆外

二门额　　示我周行

演说堂额　经涂轨范

茶会堂额　工学津梁

礼堂额　　鞠躬尽瘁

礼堂旁座额　　流风　　余韵

大门联

学贯中西津梁多士

才兼体用南海一人

礼堂联

九轨经涂留伟绩

一编史册待留芳

① “涕洟”，涕指眼流下的眼泪，洟指鼻流下的鼻涕。

附：詹公亲属答谢追悼会词

致肃者：先叔父眷诚公本年四月二十四日捐馆汉皋，大不幸事也。群季文珖等视息苫块，曾叙先叔父行状驰邮讣告。渥蒙诸长者先生笃念故交，开会追悼。素车白马络绎，名园牲醴，椒兰苾芬。奉祀文词，斐亹寓悱恻于藻饰之中，奠醊洁馨，通精诚于灵爽之右。隆情稠叠，不仅文彪诸季等感铭肺腑，即先叔父神明在天，亦必来享来格昕合无间也。谨掬谢忱，伏祈垂鉴。

小功服侄詹文彪敬叩

祭帐题字：

轨道犹遵	陈炯明[①]拜挽
学迈五丁	温德璋拜挽
功侔史氏	胡耀廷、陈颂祉拜挽
景仰高风	徽州会馆正诚堂拜挽

挽联

正籍门墙覆帱竟痛两楹江汉秋阳空怅溯

方今国步艰难又摧一木人为天象倍思沉

受业[②]汤廷光拜挽

掌路政垂三十年是开道骅骝试沿京张直线而东方信石栈天梯震铄中外

辟铁轨越数千里作中原绾毂计自崴哈协议以后犹有遗呈硕划昭示来兹

杨永泰[③]拜挽

科专路学绩著工程大业足千秋史馆有光宣立传

论交十年共事六月噩音传一旦哲人其萎哭同声

晚生梁澜勋拜挽

① 陈炯明，时任援闽粤军总司令。

② 受业，即学生。

③ 杨永泰，时任广东财政厅厅长。

跨居庸通八达似此关山险阻谁荷仔肩岂知五载功成赢得外人共惊许
绾粤汉接武长方期南北驰驱易亲道范讵料一朝仙去顿教门下失瞻依

受业曹汝英叩挽

手擘华峰大业告成功名勒嵯峨关内外
志开楚路奇才伤中道江流呜咽汉东西

参议院议员李英铨敬挽

京路运枢机覆辙无虞咸钦硕画宏施独具匠心成轨道
闽江同笔砚先鞭猛着只恨长才未竟犹留遗憾在尘寰

砚弟[①]黄伦苏拜挽

少年同学于国有光何其天不爱才大局殷忧又弱一个
壮志未伸闻风陨涕回溯路曾襄办纤尘不染惟我二人

砚弟黄仲良[②]拜挽

广韶联轨水陆培才羊石永留先哲誉
蜀道未通哈滨遗恨鹤楼空弔古人魂

砚弟吴应科、吴仰曾拜挽

粤路共晨昏候逾二载每当用人行政擘画偏劳回溯帐前尘遥对汉皋思雅范

中原资组织希假大年何期崴海哈滨归来病重至今闻噩耗且从南武赋招魂

愚弟李煜棻[③]拜挽

① 砚弟，即同学。

② 黄仲良，与詹天佑同批赴美留学生，1911年詹天佑任商办粤汉铁路总公司总理时，黄仲良任该路协理。

③ 民国初期，詹天佑任商办粤汉铁路总公司总理时，李煜棻任该路协理。

富国英才又弱一个
交通事业亦足千秋

许崇灏拜挽

轨正仗长才数十载惨淡经营欧美中东推公泰斗
规模贻后学千百辈芬芳桃李山颓木坏哭我先生

刘承畅拜挽

数十年天纵多才抗衡欧美共说奇肱记筹策南疆一代萧规惭后步
八百字电函救国迳致巴黎尚流热血遽骑箕[1]北鄂千秋董笔待荣褒

愚弟温良彝拜挽

路权独秉祖国堂堂何堪晚景桑榆已悟回车思后着
世变多艰神州莽莽尤是满途荆棘未逢同轨竟先殂

粤路董事局全体董事拜挽

论交游恒河沙数知我独涂推毂感良朋何期噩耗传来岭海归魂悲五夜
叙建设中国路功以公为首椎轮思大匠赢得芳名宣付京张遗业纪千秋

愚弟张家照拜挽

粤汉路昔资整理重重黑幕迭赖掀翻萧规足曹随愿虔注心香漫背前型民可畏
统一案今正力争落落晨星又悲陨坠楚材多晋用恐更贻口实未臻同轨陆先沉

周谦牧拜挽

① 箕，星宿名，二十八宿之一。

香江话旧言犹在耳
汉皋遗恨此后何人

愚弟麦愚公拜挽

竹帛著勋劳尽瘁哈滨令我伤心亡一老
梓桑留美誉总筹粤路惟公约法有三章

前粤路董事愚弟李振成拜挽

粤路仰纲维忆当年踪迹相亲自惭董事才疏片壤难为山岳助
工程宏著作讵一旦形神交瘁此际遗编笔绝殊勋应待史官铭

愚弟徐保之拜挽

钜工必创在明贤自轨接张绥华洋钦佩劳宣川粤朝野交推擘画卅余年复从哈海折冲勋绩更应垂北漠

知己且叠成姻娅念中郎道蕴忝续邢姨儿辈孙周婚联乔女睽违三阅月倏尔汉皋来讣涕洟何极洒南天

姻弟郑文祺拜挽

擅专门业抱经世才为总理为督办为技监策画数十年学富工程中国咸知有人在

以邢谭[①]亲致杨游敬曰京奉曰张绥曰粤汉追随廿余载忝承矩矱道山归去令予悲

受业襟弟容祺勋拜挽

收道泽路为司笔札办粤汉路使掌度支十余年依附末光砥砺廉隅常式训
游淞沪时始获订交晤香屿时遂成永诀数千里传来噩耗岭云江树总衔悲

晚生吴大韶拜挽

---

① “邢谭”为一人物典故。孔颖达疏：“邢侯、谭工皆庄姜姐妹之夫，互言之耳。”庄姜为卫庄公夫人。

轨范中原遍垂伟绩准绳后学著有成书方惭雪立程门工艺尚难窥要略
哈崴赴会劳瘁不辞私第养疴壮心未已倏尔星沉汉渚交通从此乏长材

受业温祖荫拜挽

南来约法三章粤汉潮流遵轨道
北上兼权五路工程泰斗震寰球

愚弟刘锦江拜挽

为中国第一工师遍地荆榛成坦道
秉我粤四年路政千秋桑梓念遗徽

梁镇南拜挽

崴海驰驱数千里外交綦重折冲樽俎利权肯损于国乎知秉节东行足见中华有人在
粤路成立十四年谣诼频兴总理工程前后无有如公者遽骑箕西去定为吾辈股东悲

谭润枝叩挽

为船政路政之先河国内有几人片时良哲萎颓实令吾华同悼惜
是法科工科之巨子粤中不数见一旦老成凋谢可怜大厦少支持

襟弟郭仙洲拜挽

生有自来未竟厥施学擅工师归实用
死而后已不忘在昔感深儿辈尚余哀

愚弟汤全铸率子席珍、时敏拜挽

交通逾万里叹丰功绝后空前最难路辟京张顿令欧洲惊大匠
侍坐越十年拜遗像抚今追昔岂料魂归鄂渚要从珠海哭先生

受业罗树勋、潘应祺叩挽

南逾岭表北蹑长城万里辟康庄舆域几经留禹绩
私淑前型忝居来轸十年遗治迹簿书犹得仰萧规

广三铁路管理局局长岑铭恕敬挽

同轨奏膚[1]功叹鸟道胥[2]平万里沟通凌大陆
驱车怀治绩抚鸿泥尚在十年世变感沧桑

广三铁路管理局同人敬挽

忝曾从事数年凡粤路布置经营犹是商家实业
遽报归真俄顷论毕生功名富贵也算天壤完人

晚生胡福英拜挽

担荷时艰至此息肩有日
追随路事不胜回首当年

晚生刘寿曾拜挽

佗城判襼星易十周溯小草幸依赖有赏音逢鲍叔
王路宣劳功高千古慨乔松遽倒谁能凿空继张骞

晚生高廷谦叩挽

中国路政公乃权舆伟绩起朔漠讫岭南沐雨栉风忘况瘁
十载庀[3]材我惭报称噩耗自汉皋来珠海山颓木坏动悲歌

晚生卢家齐拜挽

为国事劳为路政劳瞻拜遗徽非五年前汉江风采
因嫉俗死因忧时死伤心绝笔留八百字巴黎电文

武进吴鹤拜挽

---

① 膚，有大、美之意。
② 胥，通“疏”。
③ 庀，指治理。

掌交通技术之衡数千里路线纵横咸资策画

负师表仪型之望四十载声名洋溢遽痛萎颓

中华工程师学会在粤会员拜挽

显勋绩凡卅余年宏学识策工程名誉播中西虽当国步艰难犹幸长材能御侮

列门墙已十五载自京绥至粤汉追随遍南北遽尔道山沉寂缅怀师范不胜悲

受业朱鸿德拜挽

中华铁路万里纵横忆当年缔造维艰大半是公心血

学会工程数周培植痛今日知音长逝真教断我肝肠

中华工程师学会会员黄富谦顿首拜挽

凿山通道昔险今夷遥望万里康庄足使华洋齐俯首

留美研工公先我后况受多年培育每瞻帷幛倍伤心

中华工程师学会会员谢作楷顿首拜挽

我公品重东题掌握全权格外抡才讵肯徇情伤国体

弟子游从西学神传半面个中机会何期赏识越风尘

晚生赵衮恭挽

工程著中外骏誉昭垂方期宏阐国光克成同轨

技术通古今鸿才妙展讵意传来噩耗遽陨大星

中华工程师学会会员关灼河拜挽

以路政奔走三十年通广漠辟混茫著绩震中华愧我追随无善状

为国事驰驱数千里耐苦寒积忧虑抱疴回武汉悼公溘逝列仙班

受业廖灼华拜挽

生顺死安有子克家传后永
富贵寿考如公全福古来稀

受业何宽容恭挽

十载感相知忆随公往返京张尚同昨日
一朝悲永诀问此后工程泰斗更数何人

受业唐庆麟、廖坚华拜挽

公忽骑箕尾去天垂玉榇度劫王乔看执绋偕来三月也应同轨至
我从斫轮乎游地著火车希踪马燧恨传薪莫负十年未竟大成功

门人李端士拜挽

雪国耻增国光铜像千古学术千古
擅真才立真业长城万年京张万年

门人黄礼垣拜挽

伟业著京张曾辟荆榛成坦道
盛名留粤汉再传桃李恋余辉

小门生范曾瀚叩挽

九载附门墙追维语汇工科图编标准方冀仰承矩矱勉反三隅庸知香海瞻依一席话成梁木叹

万流钦轨范溯自功垂关塞名震瀛寰正欣宏布经涂交通八表太息哈滨尽瘁千秋事付棘榛摧

门人李拔拜挽

术擅专门工称泰斗枌榆在望咸庆增荣苍天何妒贤能遽令星沉黄鹤
功垂边塞誉满环球桃李盈廷共沾教泽学子正深向往痛教魂弔白鹇

受业世侄梁启英[1]拜挽

规东路以谋救桑榆宏愿未偿星陨遽惊万里曼庭空有恨
学西术而抗衡欧美大功垂世德清犹昔卅年近史竟无人

门人陈（制期）世騄拜挽

成巨勋再寄珠山方冀仪型长在大愿回天痛一朝竟教坏木厦倾结忧惊未艾
潮从父缔交岭海固期功德无边中流砥柱哀此日追维诫书师训和泪读无声

世侄门人徐（制）吾英拜挽

布衣阅名场四十年以学生荐署正荐州同荐知府荐道员荐丞参未尝一日在官仅作技监工师淡泊寡营只是行乎吾素
蓝缕启山林万余里始津榆而萍醴而新易而京张而洛潼而潮汕已叹半生尽瘁更辟南浔粤汉勤劳至死用能奏厥肤功

粤路工程处同人恭挽

饱受艰辛名垂邦家以外
追随道义交在师友之间

晚生梁普璇拜挽

① 梁启英，是詹天佑的留美同学、广州西关同乡梁普照之子，大学毕业时曾随詹天佑在京张铁路实习。故梁启英此处称是詹天佑的学生和世侄。京张路通后，詹天佑曾题赠了一套《京张路工撮影》给梁启英。此影集被梁启英一直珍藏在家。21世纪初，其子梁赞勋把此影集（一套上下册）赠给了广东省博物馆珍藏。

八省相随廿年善诱如父子实师生从此雄驹难逢伯乐
卅载为国三日宁家始京绥终川粤自兹正轨永感公输

汉粤川路收支主任、受业梁普旭叩挽

国事如斯同轨已难臻上理
路权谁赖九原真欲起先生

晚生吴航、苏叔成拜挽

遗恨失痴聋最怜跋涉钝姝缘悭半月
诫书严刻画太息勤边马叟寿靳六旬

小功服侄文彪率男同清叩挽

雀屏忝中竹林记曾香海趋承缘才一面
骏业遍垂华夏倏尔汉阳来讣痛茹千秋

侄孙婿赵金池叩挽

星陨汉皋凄萦芳草
魂招粤峤痛切葭莩

外侄孙何宝荣拜挽

技术擅专门请看开辟康庄行人共沐交通利
汉阳来噩耗后此振兴实业青史常留创作功

外侄孙陆国垣拜挽

船政新硎[1]早发路政大功早成孤诣苦心人莫及
陨星汉水之滨招魂广州之野感恩知己我心悲

门下士王鸿逵叩挽

① 磨砺之意。

我曾承之路司遂听大名深景仰
公已长归蓬岛应教伟绩永留存

林盈之顿首叩挽

三十年来一路福星东大陆驰骤纵横问谁为建设元勋缩地有壶公[①]伟业从今不朽
八千里外九边关塞中华国声名洋溢果孰是交通嫡派补天无娲后主权何日争回

晚生区瑞顿首拜挽

京张虚北辜负相期适当挟策东征弹指光阴逾十稔[②]
川粤交通荡平不待遽尔骑箕西逝扬名中外足千秋

晚生崔文湘拜挽

技术擅中外精能开我国路政先河粤汉川电惊山驰一辙周原逿[③]擘画
肇端溯京张懋绩痛此日云阴颓岳欧亚美望风企想千秋轨道报勋名

晚生徐国威顿首拜挽

八达岭曾著奇勋鬼斧神工绝技允为中国冠
川粤汉大功未就天梯云栈行路空歌蜀道难

后学朱恩溥拜挽

父执无兹人方期永享大年粤路告成留伟绩
亲丧才一纪那堪更闻噩耗东园凭弔倍伤心

制如侄楚白黎兆珩拜挽

① 壶公是传说中的神仙，此处把詹天佑比作神仙壶公。
② 稔，即“年”。
③ 同“归”字。

国中铁路交加洞达如公谁继轨
门下金针竞渡拙顽惟我独铨材

受业方朝安拜挽

公开八达工程方轨长城碧眼红须齐俯首
我是再传弟子遥瞻汉水素车白马信怆怀

门下晚学生黎子裴顿首敬挽

南国言欢高情迭荷犹记门墙请业兄先弟后五桂齐荣愧无时雨赖栽壶公盼睐
北京祝嘏大街曾占方期海屋添寿附凤攀龙一枝近讬[1]岂料流风顿尽断我肝肠

通家弟崔香荃率男柱石拜挽

倡善会而哭黎戴德扬伟业而立传增光生荣死哀公真不朽
秉路政则中外交称膺国事则心力俱瘁积劳溘逝我亦凄其

晚生郭翰臣拜挽

是冠世伟才叹车飞霹雳今有奇肱书著椠[2]铅古无凿齿
论毕生大节在崴海抗风辽知富弼巴黎拍电秦怯相如

归原堂[3]乡愚弟俞肇年等拜挽

---

① 同“托”字。

② 椠，古代印书用的木板。

③ 归原堂，是詹天佑祖父詹世鸾在1824年与多位乡亲一起在广东省城广州创办的同乡互助会，帮助了不少在广州有困难的婺源乡亲。詹天佑父亲曾参加管理。光绪《婺源县志》有记载。詹天佑在自修家谱时，也抄录了归原堂的相关活动文书。

立德立言立功此真三不朽
如梦如幻如影应作若是观

细侄梁肇平拜挽

肝胆向谁酬当年筹笔京华潦倒平生负知己
沧桑无可说忽听星沉汉水艰难缔造属何人

罗春熙拜挽

积劳在川粤汉而遥允推万里长城有口皆碑怀八达
缅想于德功言之下痛失中流砥柱同声空洒泪千行

世侄江祖谋拜挽

数千里关塞驰驱为路忙尤为国忙搔首问苍穹忍令饮恨哈滨长此终古
三十年工程阅历具定识更具定力遗编留往绩岂但称名粤海民到于今

晚生邓祥光拜挽

筚路空启山林壮志委蒿莱禹域未成同轨业
砥道长留关塞遗规在桃李神京齐弔异乡魂

乡后学梁永槐顿首拜挽

辟中原二千里长途世果有奇才敢诩吾宗凿空
集外域数十家实学天倘遗一老定成我国飞机

前张绥册籍处司事张立群挽

公真一代英奇少壮已卓越中西强仕则蜚声南北本工程之实学技监专使叠任重权何期哈海还辕迅速栋风来噩耗

今乃千秋不朽隆邮典荣膺赗[1]祭立行传宣付史栽念光宠于交游记室掌

① 赗，指送财物助人办丧事。

藏每聆清诲恨未汉皋执绋凄凉薤[1]露送灵輀[2]

晚生张北铭拜挽

累载猥帡幪[3]仰艺业文章空负春风时雨

到今惭亥豕溯因缘香火只记异苔同岑

晚生郭伯明拜挽

是工学泰斗是法律鸿儒方期协议远东邦之干柱

为路会悲哀为中国悼惜此后力维大局谁与撑持

后学李玉衡拜挽

星陨汉阳天涯有泪弹知己

风驰中外世上无人补考工

后学颜德延拜挽

公综交通半生蜚誉早隆只惜干路未成空有良模规后进

我忝追随数载驹光虚度矧痛鬼谋方炽又将余泪哭先生

后学罗冕廷拜挽

范我在驰驱登车齐奉指南岭海共循周道直

与公成诀别列宿犹思拱北星辰遥望楚天长

后学宋锐廷拜挽

学识祖欧美乃心眷宗邦楚材摈绝晋廷愧煞曹章赍外寇

五载总京张六年督粤汉只手维持全路长留权利饷中华

黄石卿拜挽

---

① 薤，一种蔬菜。

② 輀，古代运棺材的灵车。

③ 帡幪，即帐幕。

天纵异能工业昭垂倾此世
国遭多难路权呼吁痛斯人

晚生吴嘉甫拜挽

天道无知任教大匠辞人境
汉皋有幸留得共工作鬼雄

晚生唐雨泉、彭镜泉拜挽

自昔追随回思鸿范良模皆成陈迹
乍闻噩耗试问青天碧海亦竟无言

粤路材料处同人高柏铭、梁西垣、蔡碧如、陈庆南、邱友芹同挽

工学仰高山更能专使折冲一片丹忱孚四国
饰终隆巨典且付史官立传数行青简足千秋

晚生萧锦春拜挽

业垂巨艰表耸千寻昭万古
身任危难道高百尺妒群魔

晚生刘心宝拜挽

追随经三四年记曾为效力驰驱粤路共维持知己感恩□□□[1]
论功遍廿二省问谁使积劳致疾汉皋闻羽化令人愤懑倍伤心

黎铁卿鞠躬

八达岭履险如夷是中国与泰西争衡艺术
川粤汉成功何日愿后人补我公未竟工程

后学谭祖锵拜挽

---

① 因原稿为手书复印件，此三字无法看清。

工界中泰斗是瞻何当大局撑持遽悲华屋山邱怅望千秋一洒泪
路政上缾幪久托太息前尘阒寂愁对暮春烟雨离忧九辩更招魂

晚生梁秀廷拜挽

扩张路政培育人才利国福民一节已堪千古
廉洁持躬精勤处事言坊行表当年曾沐清芬

晚生谭云甫拜挽

路政著勤劳我公辟尽蚕丛伟烈长留八达岭
粤垣聆噩耗僚属怆怀鸿范悲风吹遍五羊城

晚生连永元拜挽

八达成大功新易著劳绩为中外所钦应推工界伟人付史馆而立传
黄埔承教育粤路荷栽培何昊天不弔遂使门墙小子抚师像以伤心

门生邓锡垣拜挽

工学有谁如回忆粤路风规总摄已留全国誉
年华原未老何竟汉阳星坠遥瞻无恨故人悲

晚生江良鹏拜挽

创中华路政初基同轨展宏模南北东西无异辙
闻夏汭[1]星沉噩耗考工思肇造京张粤汉有余哀

门人张植三拜挽

综卅年铁路经营能将广漠沟通盛绩无如八达岭
遽一旦玉楼赴召未得中原绾毂哀思宁上五羊城

晚生潘巽渠恭挽

① 汭，河流汇合处。

世路难平极目关山空涕泪
中原多故四方戎马正仓皇

郭崇义恭挽

惯受外人嘲幸得先生左挥右洒吐气扬眉忆昔日吾侪踊跃相从工程何等廉美
勤求中国货频烦学子东搜西寻取长弃短痛今朝各界悲哀赴祭道上独多涕洟

晚生杜柏樑恭挽

公树工学先河吸尽欧美精华群钦艺演专科同轨扩开新世界
我愧庸材后进回溯京张亲采讵料信传噩耗哀思空想旧音容

愚世侄陈炳南恭挽

吐故纳新功业伟
抚今思昔感伤多

晚生张用之恭挽

路工遍域中清廉卓绝
桃李盈天下脩脯无私

门人覃孔嘉、罗岳生拜挽

工学富先知后进咸钦师范
哲人遽凋谢世间犹仰典型

门人陈仲平、林国樑拜挽

全荣哀以报功嗟嗟人俊
极舆匠之能事赫赫国工

后学侯安华拜挽

路事尚可为惨见一般夸后进
奇才不世出应挥两泪哭先生

晚生梁献廷拜挽

睹路政规划全篇如隼抟[1]风飞扬胜读英雄传
过我公经营所在有人下马苍茫遥拜纪功碑

晚生李容宽、谭启芳、梁心广同拜挽

寰宇佈交通伟略丰功问廿四史中有谁比拟
汉江传噩耗人亡政在虽数千年后仍动哀思

晚生张铁桥、刘汝明拜挽

费长房缩地有方万里尽康庄计民国肇兴麟阁诸公应让步
女娲氏补天无术半生蒙拔雁痛大星遽陨马缔喻路独伤心

又晚生吴启缙拜挽

为勷路政万里驰驱直道莫能容兰芷无芳顿令九原抱恨
命掌材官四年随侍哀音忽远报茑蘿[2]失附那禁双泪交流

侄婿邵常佳拜挽

辟从启荜堙谷堑山追维伟烈丰功刊垂不朽
贞石摩崖良金铸范伫看巍峨遗像瞻仰如生

愚弟陈天垣拜挽

自都门邂逅斗山便叨青眼相加荷德愧无能悲哉星陨汉皋奚止感恩同恸哭

① 隼，飞得很快的一种鸟。抟，凝聚、糅合。
② 茑，一种寄生在树上的植物。蘿，一种草。

成京绥崎岖轨道几费精心擘画因公诚尽瘁允矣名垂国史岂徒追悼动哀思

愚弟梁和拜挽

绝技擅石家当年治路宣劳功在乡邦推巨擘

怜才到寒畯一旦骑箕长逝感同中外动哀思

晚吴玉田拜挽

受知四载铭篆五中回思粤路工兴趋步何堪追往训

未竟勋名遽惊殂落犹幸充闾辈起箕裘克绍继兰修

前粤路工程练习生徐炽声拜挽

颂公工程尤愿颂公道德

羡其强干无宁羡其清廉

晚生何楷拜挽

西欧人士尚叹奇材伟绩长留八达岭

东粤儿童亦知名姓巨工羞说万安桥

晚生张仲礼拜挽

伟烈壮山何凿空破荒纵横驰骤九千里

大名垂宇宙越阡度陌利济熙攘亿万人

晚生梁晓云、罗君溥、罗昆宪同拜挽

技术驾欧西忽惊鹤驭遐升英魂长绕汉阳树

工程遍海内遗恨蚕丛未辟乐府犹歌蜀道难

晚生潘□[1]墀、李明轩拜挽

---

① 因原稿为手书复印件，此字无法看清。

不避远而负笈忘避险而趋艰艺术经济之才自足多矣

人谋事在空谈公谋国在实际天心世路之巧可胜痛哉

晚生朱佩麟拜挽

有学问有经济更有气节自来才达东西非徒粤汉京张堪观沉毅

通天文通地理尤通人情此后名垂宇宙永令士民商贾共切流连

晚生赖香辉叩挽

大陆交通百世功名侔禹绩

平生知爱几行涕泪洒羊碑

晚生李兆拜挽

京张据天下上游想当年轨绕山关纵横跨越三千里

南北推路中人杰痛此日星沉鄂渚感慨悲歌百万家

晚生尹九拜挽

是曾充交通技术船政法学邮传以及会长工程俱供职守

已历办萍醴津榆洛潼京张粤汉其余西伯利亚如履门庭

晚生朱四拜挽

国中时事多艰遽夺我公天胡此醉

宇内人才尚乏未完路政君竟长辞

晚生江百川拜挽

是我邦柱石是工科中坚噩耗传来直教世界三千万里风云惊变色

为整顿路权为力争国势英魂不死应念同胞亿兆一天涛浪恨无归

晚生蔡辉拜挽

中原路政尽属经营尤复于国是担当何意北门锁钥
天下人才半归陶铸今竟以身劳长逝岂徒南服讴歌

晚生蔡见拜挽

公为铁路争存亡何期未竟全功九京齐念
我随鞭镫获知遇太息传来噩耗万众衔悲

粤路英德养路处众监工同拜挽

路学冠中邦主座特颁奖证
灵魂归上界国史留待传宣

润身社同人拜挽

大地无烦走马
昊天不弔斯人

方便医院同人拜挽

惟公路政修明举国邮车同一辙
此后盖棺论定如椽史笔足千秋

两粤广仁善堂同人拜挽

以廉励己以恕待人制行如公是能挽风砭俗者
不贵楚材不宝远物经营似我岂亦持筹握尊人

成亿银号刘成拜挽

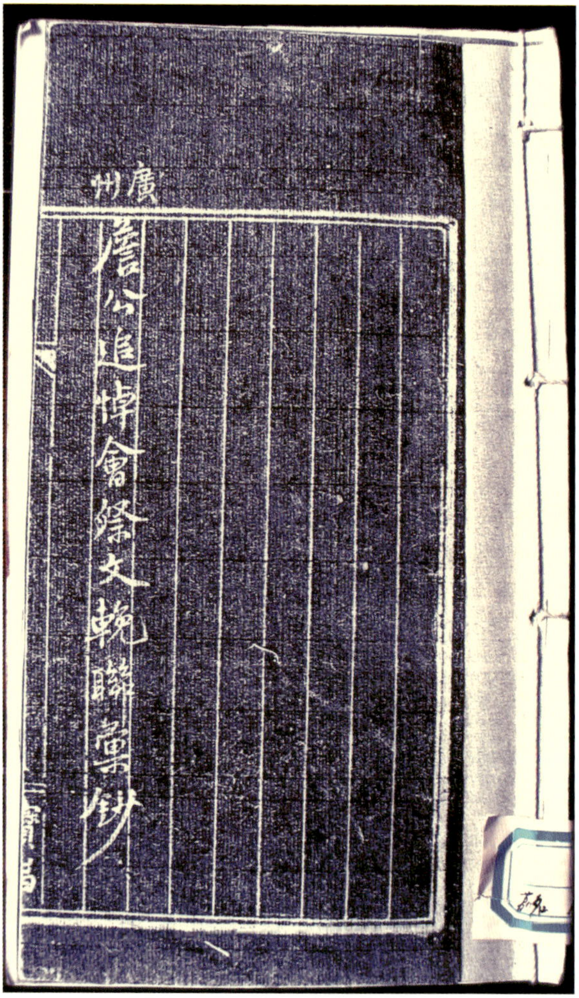

梁启英珍藏的1919年7月27日《广州詹公追悼会祭文挽联汇钞》（晒图版）。此为原荔湾区地方志办公室藏的此件复制件

第七部分

广州与詹天佑有关的人和事

詹天佑留美时的老师邝其照[①]

邝其照，1843年生于中国广东台山的一个农民家庭，是这家庭第五子，也是最年幼的孩子。

邝其照15岁时，他向父母说，不想当农民。因此，他被送到在广州开有一家小店的叔叔邝志安家中生活。

在广州，由于叔叔家经营丝绸、驼绒等生意，邝其照遇到很多外国人。这些外国人很喜欢他，因为他脸上总是充满笑容。一位熟客的丈夫带给他英文报纸和旧杂志，邝其照常在晚上尝试记住这些单词，在这些单词旁写下独特的读音标识和汉语的释义。

邝其照后来到了香港，成为1862年开办的官立中心学校首批学生。他成为香港教育的奠基者弗雷德里克·斯图尔特的学生，后来，他在自己写的一本书上感谢斯图尔特。

毕业后，邝其照在香港开了一家商店，后来移居澳大利亚。他在墨尔本开了一间中药店，经营了五年，赚了不少钱后，回到中国。

由于他的英语水平有了很大提高，1868年，邝其照出版了他的第一本英汉词典。这本词典在1875年再版，在1882年出第三版。今天使用的很多单词，都是邝其照最先写进词典的，如“银行”“民主”等词。

1854年，容闳成为第一位从美国耶鲁大学毕业的中国学生。他提出建议要送中国学生到美国留学，目的是让中国的落后人群、学生学习现代技术和现代军事。他的建议由曾国藩、李鸿章形成提案，在1871年获清政府批准。

1872年，邝其照与一位富有商人的女儿冼琼（Sieu Chin）结婚。

约在1873—1874年间，邝其照在上海出洋肄业局预备学校工作，他

---

① 本文根据邝其照后人回忆文章及邹振环《全地新构：邝其照及其〈地球五大洲全图〉》（原载《复旦学报》2018年第6期）、沈国威《解题：邝其照的字典集成及其他英语著作》（原载《字典集成》珍藏本，商务印书馆，2016）、《邝其照故居》（原载《广州市文物普查汇编》，广州出版社，2006）等文编写。

为出洋肄业局招募学生。学生中有他大哥邝其添[1]两个年长的儿子邝康和邝荣光，以及他二哥邝其兴的儿子邝明光。

1874年，邝其照被任命为由中国人自办的上海首家报纸《卫报》的编辑。这报纸主要由广东籍商人提供资金支持。

1874年，邝其照护送第三批留美幼童赴美。他们搭乘蒸汽机轮船经日本横穿太平洋。9月，到达美国旧金山。

然后，他坐上一列长长的火车穿越美国。1874年11月，邝其照到达康涅狄格州的哈特福德。11月17日，他受到美国总统尤里西斯·辛普森·格兰特的接见。接见意味着，在美国看来，邝其照有高级的身份。中国当时在国外还没有建使馆，因此，邝其照就被看作是在美国的最高等级的中国官员。

随后，邝其照经欧洲返回中国。1875年，第二次出版了他的字典。1875年4月，为了让中国留美幼童以及更多中国人更好知悉世界，邝其照绘制完成《地球五大洲全图》，并交付出版社出版。

1875年9月，邝其照发现黄睦（Wong Mouk）翻版他的字典，因而在香港起诉他，但因黄睦不在香港而没成功。

李鸿章任命邝其照护送第四批留美学生赴美，并任他为随团官方翻译——是此行中排第三位的官员。此行，他带上妻子冼琼一起，于1875年底重返美国。

耶鲁大学是中国留学生教育的一个主要支持点，当时耶鲁大学招收了很多中国学生。

1876年8月，邝其照带领中国留美幼童到费城，参观庆祝美国建国一百周年的世界博览会。期间，美国总统尤里西斯·辛普森·格兰特在博览会上接见了他和全体留美幼童[2]。

邝其照在哈特福德非常受欢迎。要见他，要先和马克·吐温或1859年的耶鲁文学士约瑟夫·特维奇（Joseph Twichell）约定。在这段时间，马

① 根据邝其照后人英文回忆文章写的“Kwong Ki Tak”音译。

② Edward J.M，*Rhoads Stepping Forth into the World*，香港大学出版社，2011，第110—113页。

克·吐温撰写了名著《哈克贝利·费恩历险记》《汤姆·索亚历险记》。

邝其照交往的重要名人有：

耶鲁大学校长诺亚·波特（Noah Porter）。他1831年毕业于耶鲁大学，曾任韦氏词典编辑，是反对歧视中国人的重要人士。他还是创办了波特女子高中的莎拉·波特（Sarah Porter）的哥哥。

哈佛大学校长查尔斯·威廉·艾利奥特（Charles William Elliot）。他是哈佛大学历史上任职最久的校长，他把学校由一间地区大学，办成在全世界有重要影响的研究型大学。

康奈尔大学创立者之一、校长安德鲁·D.怀特（Andrew D.White）。他是耶鲁大学文科学士、硕士。曾任驻德大使，是美国历史学会首任会长。

首任联邦教育专员亨利·巴纳德（Henry Barnard）。他是1830年的耶鲁大学文科学士，威斯康星大学校长，圣约翰学院院长。

罗德岛州秘书约翰·罗素·巴特利特（John Russell Bartlett）。《美式英语词典》（1848）作者，美国民族学会创办人。

约翰·霍普金斯大学首任校长丹尼尔·科伊特·吉尔曼（Daniel Coit Gilman）。1852年耶鲁大学文科学士，加利福尼亚大学第三任校长。在耶鲁时，他还担任图书管理员。

康涅狄格州州长约瑟夫·罗斯韦尔·霍利（Joseph Roswell Hawley）。1888年获耶鲁学位，《哈特福德报》法人及编辑，联邦军队准将，发声反对排华法案者。

查尔斯·达德利·华纳（Charles Dudley Warner）。《哈特福德报》编辑，小说家，马克·吐温的朋友。

耶鲁大学教授怀特尼（W.D.Whitney）。语言学会主席和创办人，美国东方文化学会主席，世纪词典编辑，参与编辑美国韦氏词典。

马克·吐温最亲密的朋友约瑟夫·特维尔（Joseph Twichell），1859年毕业于耶鲁。

约翰·霍普金斯大学和耶鲁大学教授阿尔伯特·库克（Albert S.Cook）。

三一学院院长托马斯·平琼（Tomas R.Pynchon）。

康涅狄格州助理秘书哈蒙德特·朗布尔（J.Hammond Trumbull）。

耶鲁大学教授隆斯伯里（Thos.R.Lounsbury）。

康涅狄格州教育委员会秘书诺斯罗普（Hon.B.G.Northrop）。

马萨诸塞州教育委员会秘书迪金森（J.W.Dickinson）。

在当时美国，很少能见到中国妇女。邝其照的妻子长得很漂亮，因此在哈特福德引起了轰动。他们的一个儿子——川峰（Chin Fun）于1876年在美国出生。邝其照的妻子和父母于1877年不幸去世。根据传统，他不得不停止在驻洋肄业局的工作，1879年他正式辞职。1882年，他写信多封，抗议排华法案。1883至1885年，他写了多篇文章批评鸦片交易。

1881年，由于美国政府不允许在美中国留学生进入军事院校学习，加上在美中国留学生有严重西化倾向，清政府关闭了驻洋肄业局。

归国留学生后来成为各行业的重要领导者。梁敦彦是清华大学创办者，唐绍仪是中华民国首任总理，詹天佑是中国早期铁路的建造者、设计者。

邝其照回国后继续出书。1877年，他著书介绍台湾土著居民和地理等方面的知识。1881年，邝其照在纽约出版了《英语短语词典》。1885年，出版了邝氏英语学习丛书：《阅读指导读本第一册》《会话指导读本第一册》《会话指导读本第二册》《通信与常用社交应用》。

1882年5月2日，《哈特福德日报》报道了邝其照反对排华法案。9月，邝其照给《旧金山纪事报》写信，否认中国存在奴隶制度。12月26日，邝其照带着6岁的大儿子，离开美国，启程返回中国。离开前，他会见了著名的西海岸历史学家、曾获耶鲁大学荣誉学位的休伯特·霍姆·班克罗夫特（Hubert Home Bancroft）。

离开美国回到上海后，邝其照在江南制造局翻译馆从事《翻译新闻纸》的编译工作。

约1884年9月，张之洞任命邝其照为两广地区的外交事务局助理。邝其照因此回到广州。他对张之洞评价很高，因为张是改良主义官员，并且反对鸦片。

1883至1885年，中法战争爆发，战争结束于1885年4月。1885年5月，邝其照以专员之一的身份被派到越南，根据和平条约有关条款撤走军队。

1885年，邝其照的教育系列《英语汇腋》4卷由别发印字房在上海出版。

1886年，邝其照从政府机构辞职，开始在广州办报。1886年7月24日，开始发行《广报》。该报在上海、广东、马来亚、泰国、越南和美国旧金山发行。

作为本土出生的中国人，邝其照编撰了首部由中国人编纂的英汉词典，今天我们使用的很多常用词汇，都是由邝其照首先创造的。他是中国官派留美幼童的带队老师，为中国培养了很多重要人才。他反对歧视中国人，反对鸦片交易。他是中国报业的先锋，他通过报纸，发出了反腐败的声音，推动了社会进步。

邝其照广州故居位于广州荔湾区冲口聚龙村，又称邝家庄。该村由祖籍广东台山县冲云乡苍下村邝氏一族合资兴建。1879年动工兴建，1889年竣工，是规划较整齐的新村。2002年7月，聚龙村民居被广州市人民政府定为广州市文物保护单位。2020年10月，聚龙村被中华人民共和国住房和城乡建设部评为“中国传统村落”。

詹天佑的留美广州同乡同学

从广州出发随詹天佑之后赴美留学的广州同乡共有三人。当然，此"广州"指今天的广州市区域，当年却分属省城南海捕属、番禺捕属。

梁诚（1864—1917），原名丕旭，别名肇旭，字义衷，号震东、振东、镇东。番禺黄埔乡（今属广州）人，清朝附贡生。1875年10月随清廷所派第四批幼童赴美留学。1881年未及入大学即被召返国。归国后纳赀得主事职，初任总理各国事务衙门章京，旋兼理电信及记录事务。后在大清会典馆任职，补员外郎。1885年随驻美公使张荫桓赴美，任驻美使馆参赞，曾负责与美国交涉限制华工入境案。1889年随张荫桓任满归国，后授直隶候补道，曾入李鸿章幕。复以记名简放道加三品卿衔任出使美国、西班牙、秘鲁、古巴等国大臣。曾被美国安赫斯特大学授予名誉法学博士学位。旋免兼出使西班牙大臣，改兼出使墨西哥大臣。1904年曾与孙宝崎、张德彝等人联名电请变法。1906年被耶鲁大学授予名誉文学博士学位。在使美任内，致力修改华工条约，交涉赎回粤汉铁路。1907年归国，任侍读学士，并授头品顶戴，旋任粤汉铁路粤段公司总办。1910年任出使德国大臣。1911年以中国首席代表身份出席海牙万国禁烟会议。次年任中华民国驻德全权公使，后因病辞职返国，赴香港定居。1917年在港寓病逝[①]。

梁普照（1860—1902）

梁普照（1860—1902）和梁普时（1863—？）[②]，出自广州西关"五美堂"。两人于1873年赴美留学，成为中国第二批留美幼童。梁普照在美国耶鲁大学学习矿业，与詹天佑同窗。若干年后，这两个幼童学成归来，分别成为中国近代第一批冶矿工程师和铁路官员。归国留学生们颇具才干，得

① 广东省中山图书馆、广东省珠海市政协编《广东近现代人物词典》，广东科技出版社，1992，第476—477页。

② 此为记述梁普照之孙梁赞勋回忆祖父和叔祖父的文章。原载2007年11月16日《南方都市报》（文：赵庆平；摄影：文波），略有删节。

第七部分 广州与詹天佑有关的人和事

1909年，詹天佑题赠给曾在京张路实习的梁普照儿子梁启英（字育之）的《京张路工撮影》照片集

以在清末民初崭露头角，绝大多数人在中国近代化的进程中作出相当的贡献。

梁普照的孙子、原中国航空工业总公司科学技术委员会常务委员兼秘书长、北京航空航天大学顾问教授梁赞勋，目前已离休，他向南方都市报记者讲述了梁氏兄弟的留学经历。

和唐国安、詹天佑等留美幼童比起来，梁普照和梁普时两兄弟的俗世声名要逊色很多。不过，由于去年其后人、家住广州荔湾区的黄佩瑜女士在整理梁氏西关祖屋时，意外发现了梁普照之子梁启英留存的大量清末民初中国铁路建筑等方面的文物史料，其中有詹天佑亲笔题赠的《京张路工撮影》大型图册后，梁氏两兄弟的故事开始引起人们的关注。

1873年的一天，一位叫梁焕南的广州番禺商人含着眼泪，带着微笑，把自己年幼的长子和次子送到美国学习救国自强的本领，试图走出一条与中国几千年来知识分子迥然不同的“洋翰林”之路。

梁赞勋告诉记者，对于送儿子出洋留学，经营茶叶生意的曾祖父梁焕南表现得相当开明。当年100多个家庭中，梁家是同时送兄弟两人前去留学的五个家庭之一。

“祖父去美国时才13岁，他弟弟11岁。”梁赞勋说，在那时候，一家之中能派出两个幼子远涉重洋，让他们成长在一个完全陌生的国家，是一件极不寻常的事。如果家长没有一点开明精神，完全不认同西学的价值，而且没有对幼童留学计划的倡导者容闳博士抱有高度信赖的话，是根本办不到的。

梁赞勋介绍，祖父梁普照和二叔祖父梁普时于1873年6月12日（农历五月十八日）离开上海，乘最原始的轮船，经横滨，历经约30天的风浪，抵旧金山，然后沿横贯美洲大陆的铁路抵达康州哈德福市，随后被安顿到一个叫诺森顿的小镇，进入当地中学学习。在北安普敦公立高中毕业后，梁普照进入美国耶鲁大学学习矿业，与詹天佑同窗。

梁赞勋介绍，祖父和叔祖父留学8年后，原计划在美分别完成冶矿、通信等学习，但清政府保守官僚对外洋风俗横加非议，于是，他们同整批留学生一起，被冠以“洋化”罪名，调回中国。

“回国以后，他们备受当事者的排斥与冷遇，连船到上海码头也不让阔别多年的家人去接。”梁赞勋说，虽然深受打击，然而在祖国大地上，他们振奋精神，继续学习，用其所学，报效人民。其中祖父梁普照和吴仰曾、唐国安、邝荣光、邝景扬、邝贤俦、陈景贵、陆锡贵等八人师从美国工程师巴特（E.K.Buttles），继续在唐山开平矿务局创办的路矿学堂学习，并一同在唐山工矿公司工作多年。他们成为中国第一批冶矿工程师，参加开发了从东北地区到甘肃省的地下宝藏，为中国矿业作出过贡献。

此外，梁普照曾任河北开平矿务局船务局帮办，后转入上海怡和洋行管理船务，后又调到湖北宜昌怡和洋行总理船务。1902年，因痔患手术后出血过多，走完了自己的一生。二叔祖父梁普时回国后在电报局工作，后任职于京奉铁路，不幸英年早逝。

他们回国后，“给中国官场输进了新血。”梁赞勋说。高宗鲁教授译注的《中国幼童留美史》称他们“身体力行，勇于任事，与过去暮气沉沉的官僚迥然不同。他们的才干，使他们崭露头角，绝大多数在中国现代化的蜕变中作出相当的贡献”。

梁普照的孙子梁赞勋拿着祖父当年的照片向记者讲述家史

“留美时毕业于耶鲁大学谢菲尔德理工学院土木工程系的詹天佑，回国后和我的家庭仍保持、沿续着深厚的友谊。”梁赞勋介绍说，他的父亲、梁普照的长子梁启英，是中国现代铁路建筑工程师，曾跟随詹天佑为京张铁路做测量、定线、设计和施工。“父亲当时的身份是实习工程师。”此后的近半个世纪中，梁启英先后参与了包括粤汉、广梅等多条重要铁路的设计和建设。

梁赞勋介绍，2000年，他的外甥女黄佩瑜在整理广州祖屋“五美堂”时，意外发现了梁启英留下的一个大书柜。2006年，黄佩瑜开启了这个书柜，发现大量清末民初中国铁路建筑等方面的文物史料，其中有詹天佑亲笔题赠的《京张路工撮影》大型图册。梁赞勋说，这套图册除了送给梁启英外，还有一套送给了詹天佑在美留学时的“家长”、同时也是他的校长的诺索布。

关于詹天佑赠送图册给父亲，梁赞勋还特别提到一件逸事。在詹天佑赠送给他父亲的《京张路工撮影》图册扉页上，印有詹天佑照片及詹天佑亲笔题写的“育之同学弟惠存”的字样。育之是梁启英的字。此图册（上下集）已由梁赞勋先生捐赠给广东省博物馆。

梁赞勋说，许多人都忽略了这个细节。按照中国传统，詹天佑应该是梁普照的同辈，是梁启英的父辈。同时，詹天佑和梁启英还有师生之谊。当年父亲梁启英从邮传部上海高等实业学堂（即今日之上海交大）毕业时，毕业证就是詹天佑联名签发的。按理说詹天佑不应该这么称呼比他小一辈的梁启英的。“这正是詹天佑高尚品格的一个缩影。简单几个字，反映了詹天佑胸怀宽广、待人谦虚的一面。”梁赞勋说。

“至于叔父梁启兆，则另有一番作为。”梁赞勋告诉记者，由于梁启兆当时学的是经济，毕业后从事银行工作，后来到美国发展，致力于当地华人的教学事业。去世后，叔父捐出所有财产成立“兆雪基金会”，用以支持当地华侨学习中华文化。

说起自己的经历，梁赞勋显得相当低调。他说，他在新中国成立前曾经参加过学生运动，后来引起特务的注意，不得不逃到香港，在一家英国航空公司工作。

梁赞勋特别告诉记者，有报道说他曾经给周恩来总理当过专机机械师，其实是不准确的。当时他只是负责运输机的机务工作，主要是在飞机正式起飞前进行检查和试飞。严格地说，他并不是周总理的专机机械师，也为其他的飞机提供服务。

梁赞勋说，由于自己出生时祖父就已经过世，很多事情都是父辈讲给他听的，因此他所知的祖父的事迹不多。不过，从目前收集到的零散的碎片中，他能感受到祖父的精神。

詹天佑在广东博学馆、广东水陆师学堂时的同事与学生

詹天佑（前排中）在广东博学馆与同事合照

1885—1888年间，詹天佑在广东博学馆（后改为广东水陆师学堂）任教。根据1919年7月27日广州詹天佑追悼会的祭文挽联集记载，自称"受业"（学生）的名人就有汤廷光、曹汝英等人。

汤廷光（1864—1933），又名朗亭，花县人。1889年毕业于广东水师学堂。曾参加甲午中日海战，历任管带、"海圻"舰舰长、海军次长等职。1917年随海军总长程璧光南下护法，后程氏遇刺，接任海军总长。1920年10月临危受命就任粤督兼省长，11月辞职。旋任广州军政府海军部部长。1921年5月孙中山就任非常大总统，组织中华民国政府，汤廷光被任命为海军部部长。1923年陆海军大元帅大本营设立，汤廷光被委任为广东省治河督办。翌年去职隐退，1933年病故[①]。

① 广东省中山图书馆、广东省珠海市政协编《广东近现代人物词典》，广东科技出版社，1992，第121页。

曹汝英（1870—1924），字粲三，番禺人。12岁考入广东水陆师学堂学习海军。毕业后任江顺兵舰管带。嗣后专于教育，先后应邀任广东广雅书院西学堂、湖北文普通中学堂、清室贵胄学堂教习，积功擢副都统。中华民国成立后，出任广州市政公所坐办。晚年移居香港，设塾授徒。54岁时逝世。平生精研数学，博涉经史，著有《直方大斋算稿》等[①]。

潘应祺（1866—1926），广州番禺化龙西山村人。幼年在乡随父耕读。聪明好学，考取秀才后，又考入当时引入西方新学科的广东实学馆（后改博学馆）学习。毕业后，曾应乡试考取举人，可谓新学、国学兼通。之后投身教育事业，先后任教于广雅书院、两广游学预备科馆、教忠学堂等校，教授数学。著有《算术驾说》《几何赘说》等。辛亥革命后曾任职公务人员。1918年起，在广州市政公所先后任经界科员、科长，还曾从事《番禺县志》续修工作。1924年重执教鞭，在香港圣保罗女书院任教。1925年回广州河南开设教馆，教授国文、数学、英语等。其女儿潘景晴，是孙中山先生副官张猛的夫人。

汤金铭、苏锐钊。在詹天佑任教广东博学馆、水陆师学堂期间，他的同校同事中，有些是以前和他有过交集的熟人。潘应祺曾在其自编个人简介中，介绍了自己在实学馆和博学馆的老师，其中的汤金铭（贡生五品衔，候选教谕，实学馆算学教习）、苏锐钊（四品衔，分省即补直隶州知州，历充出使俄国美日秘国翻译，实学馆洋文教习）两位老师，此前是与詹天佑有过交集的。汤金铭，广东花县人，曾与其兄汤金铸一起在福州船政局学堂任教，后又一起调回广东实学馆。苏锐钊是詹天佑的留美同学，比詹天佑晚一年赴美。1881年全体撤回时，两人同被分到福州船政局后学堂。但不知什么原因，1882年11月，驾驶班学习毕业后，苏锐钊即调往广东实学馆任洋文教习。而到1885年初，詹天佑才被调到这个已改名为广东博学馆的学校任洋文教习。

① 广东省中山图书馆、广东省珠海市政协编《广东近现代人物词典》，广东科技出版社，1992，第469页。

詹天佑致信邝景扬[①]请邝代收广州两处房产租金

1907年11月3日（于北京）

我现在收到你10月8日的来信，附来356.02银两的支票，我即此将收据寄给你。

你是否已经取得你省总督保举你作为进士的待授给者？我希望你已经这样做了，因为我乐于见到我们全体从事专门职业的人，都能得到这样的荣誉。

由于梁先生[②]就任总理，我希望你的工作将能加速进行。

顺便提及，你能否为我代收我在广州的两处住房的房租[③]？如果你愿意，我即依此办理[④]。

1907年12月24日（于北京）

感谢你上月22日来信，答应为我两所住房收租。我正安排将房租本转交给你，一俟我办好，即函告你。

我已经见到一份总督保举你为工科进士的上奏和报学部的抄件，我确信你将按请求获得这项荣誉。邝元亮也由山东抚台保举，我还听说有一至二名福州人士可能由河南抚台保举。

① 邝景扬，第三批留美幼童。1888年介绍詹天佑进入中国铁路公司。1906年，广东商办粤汉铁路公司成立，要求把詹天佑派回去修筑粤汉铁路广东段。邮传部不放詹天佑离开京张铁路，只把邝景阳调回广东粤汉铁路总公司。

② 梁先生，即梁诚，第四批留美幼童。曾在美交涉赎回粤汉铁路。1907年，梁诚接任粤汉铁路总公司总理。

③ 詹天佑在广州的两处房产，一处是十二甫詹天佑父母亲的房产，已经由詹天佑外甥孙徐剑海认证，即今十二甫詹天佑纪念馆处。一处位于西关龙津西路逢源南（与原多宝大街平行的一条大街），但此街哪一家是詹天佑原房产，现已无法在房产档案中查得。

④ 詹同济译编注《詹天佑书信选集》，华南理工大学出版社，2006，第47页。

罗国瑞[1]已被派往计划修筑中的长春府至吉林铁路，与日本工程司共同进行三个月的测量，每月薪水900两。他是由邮传部派任的，现仍在京[2]。

1908年7月19日（于北京）

你6月22日来信收到。欣闻已从逢源南收取了6个月的房租，遗憾的是尚未收取另一所住房的房租。请催他以收回房租。由于我并不需用这些钱，故请你为我存放于安全处所，例如可靠的钱庄或类似之处。作为长期存款。

非常痛心地闻知你处发生巨大水灾的消息，这必定是一场可怕的灾难[3]。

…………

① 罗国瑞，首批留美幼童，曾与詹天佑、欧阳赓一起就读美国预备学校海滨男生学校。

② 詹同济译编注《詹天佑书信选集》，华南理工大学出版社，2006，第49页。

③ 詹同济译编注《詹天佑书信选集》，华南理工大学出版社，2006，第54页。

詹天佑与广州归国留学生谈当官与做事

1910年9月，詹天佑第二次出任北京学部举行的归国留学生考试的考试官，与学部尚书唐景崇等六人同任正试主试官。这年应考者有七百多人，正考前要先考预备试一天，预备试不及格，不得参加正考。外国毕业学校的文凭，分为四等给分：第一等90分，第二等80分，第三等70分，第四等60分。如各科平均分在90分以上的考生，可在其文凭分上加10分。这既体现了重视名校毕业，也兼顾对努力学习学生的肯定。正场考试分为三场：第一场考中国文和外国文各一篇。第二场和第三场都是考专业学科，每场出题4个。三场合计共有10题。每题最高分数为100分。正场考得各题的平均分数再与毕业文凭分数平均，为最终得分。是年，考得最优等者有六十多人。

试毕，有拜见主试官老师的仪式。一名叫朱子勉的广东籍考生，拜见了詹天佑。詹天佑与这位广东老乡考生交谈时，吐露了这样的心声：

“我们留学外国获得了一些知识和技能，要做一点事贡献国家。如要做官，就不能做事；想做事，万不可做官。而且做惯官的人一旦没有官做，精神便会十分痛苦。但官不可做，又不可无。在现在中国里，没有朝廷给予你一个官职，就没有地位，没有人把重要的事给你做。”[①]

这番话正是詹天佑自己一生所奉行的“要为国家做事”“当官为做事”观，以及自己的人生座右铭。

詹天佑对这位同乡后辈，说出了他自己生活在动荡年代中，“要为国家做事”“当官为做事”的为人处世观。朱子勉听后很感动。五十多年后的1963年，朱子勉写回忆录时再次记下了詹天佑这段话。朱子勉没辜负詹天佑的期望。他回到广州，当了几十年广州教忠中学（今广州市第十三中学前身）的校董，在日军占领广州期间，在迁至澳门的广州教忠中学当了几年校长，大半生都献给了教育事业。1963年，他在广州市

① 朱子勉：《参加清末留学生考试的回忆》，载广州市政协文史资料委员会编《广州文史资料》1963年第4辑，第117页。

政协文史资料委员会编《广州文史资料》1963年第4辑上发表了《参加清末留学生考试的回忆》一文，忆述了当年詹天佑的亲切教导。而后来担任了北京詹天佑纪念馆首任馆长的詹同济先生，也在图书馆淘到了朱子勉先生的这篇珍贵文章。我们广州后来做文史研究的同志，是根据詹同济先生的介绍，才在图书馆找到了朱子勉先生的这篇文章。

詹天佑与商办粤汉铁路总公司首任总办副办

商办广东粤汉铁路有限公司创办于1906年（详见《广东辛亥保路运动史述》），第一年选出郑观应任公司总办，黄景棠任副办。但因这两位都是不懂铁路的外行人员，且两人常在公开场合表达不同意见，一年后就都不担任此职务了。但他们在1911年詹天佑接任广东粤路总理后，都与詹天佑有交集。

郑观应（1842—1922）原名官应，字正翔，号陶斋，别号杞忧生，晚年自号罗浮偫鹤山人等，香山（今中山）人。1858年到上海学习经商。先受雇于英商宝顺洋行，曾任买办。后与英商合作经营公正轮船公司，任董事。1874年任英商太古洋行买办，太古轮船公司总理，复开设恒古钱庄等。1880年后，被李鸿章委任为上海机器织布局、轮船招商局、上海电报局总办，参与洋务运动。1884年中法战争时，奉调赴粤会办湘军营务，反对李鸿章在上海议和。主张商战，发展民族资本主义以抵御外国侵略。1896年任汉阳铁厂总办。1906年出任粤铁路公司总办。1909年后，历任轮船招商局董事、协理、稽查等。后期在政治上趋于保守，拥护清廷假立宪运动，敌视革命。民国成立后，寓居上海，反对袁世凯称帝与张勋复辟。1922年5月病逝。著有《救时揭要》《易言》《盛世危言》《盛世危言后编》《罗浮偫鹤山人诗草》等[①]。

1911年，詹天佑接任商办广东粤汉铁路公司总理兼总工程师。是年，清政府要收回商办干线铁路官办。郑观应此时已在上海工作和生活。与负有收路使命的盛宣怀私交甚好的郑观应，受命向詹天佑了解广东粤汉铁路公司的财务情况，拟从财务入手，了解粤路的弱点，进而收回粤路。詹天佑和时任粤路协理黄仲良，于是年闰六月廿四日（1911年8月18日）一起回信给郑观应，回答了郑关心的问题。回信内容如下：

“陶斋仁兄大人阁下：顷奉手书敬聆。一是查预算表，将赎路之

① 广东省中山图书馆、广东省珠海市政协编《广东近现代人物词典》，广东科技出版社，1992，第361页。

款附列于后。原欲使各股东知粤路于建筑之外，每年又特出此巨款。至于各项车辆为铁路必用之物，何能不为预计所存材料？特行声明者，以将来购料可按原估之数减少也。惟每里需费若干，表中虽未明言，而未筑路若干里及各费若干，均已分别记注在。明眼人自能洞澈，似无庸再渎。其前任收支各款，五月报中已登大略，谅经詧及，匆匆手此布复。敬请

勋安诸希

惠照不宣

詹天佑、黄仲良顿首

闰六月念四日”

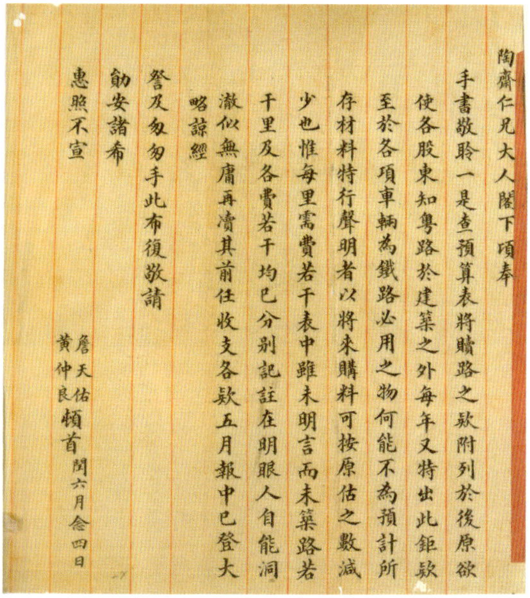
陶齋仁兄大人閣下頃奉
手書敬聆一是查預算表將贖路之款附列於後原欲
使各股東知粵路於建築之外每年又特出此鉅款
至於各項車輛為鐵路必用之物何能不為預計所
存材料特行聲明者以將來購料可按原估之數減
少也惟每里需費若干表中雖未明言而未築路若
干里及各費若干均已分別記註在明眼人自能洞
澈似無庸再瀆其前任收支各款五月報中已登大
略諒經
詧及匆匆手此布復敬請
勛安諸希
惠照不宣
詹天佑 黃仲良 頓首 閏六月念四日

1911年粤汉铁路总公司总理詹天佑、协理黄仲良写给首任总办郑观应的信[1]

① 澳门博物馆编制《盛世危言·郑观应文物集》，澳门特别行政区政府文化局，2008，第74页。

黄景棠（1870—1913？），字诏平，广东新宁（今台山市）人。其父黄福（1837—1918），是新加坡、马来亚一带著名侨商。黄福有九个子女，黄景棠是长子。黄景棠在新加坡受过传统儒家学说教育，青年时与其弟一起归国寻求功名，1897年考取拔贡，1898年入京朝考，授知县。他在北京时，变法维新运动正密锣紧鼓地进行；未几，政变发生，黄对时局深为失望，乃以双亲年老为由，辞不就官，南下回广州。1901年，他再次应乡试落第。此后十余年，黄主要在广州进行商界活动，曾投资开发芳村。1906年曾任商办广东粤汉铁路总公司副办，任职虽仅一年，但一直仍是该路股东之一。同年，广州的《总商会报》停办后，黄景棠重新集股开办了《七十二行商报》，社址在太平门外第七甫100号。这份报纸成为绅商黄景棠把持粤汉铁路利益的舆论阵地。黄景棠在广州与马励芸结婚，在广州西关泮塘三叉涌边购得原称“小田园”的私人花园，建造“小画舫斋”，内有船厅、家庙、西关大屋①。黄景棠在广州西关开办了坤维女中，黄兼任董事长，其妻马励芸任校长。革命烈士陈铁军曾为该校学生。

1911年5月，清政府宣布把原为商办的粤汉、川汉铁路等干线收回“国有”，由外资操控承办，引起了四川、湖南、湖北、广东等省人民的反对。时任粤路总理的詹天佑内心对收回商办转借外资办同样持反对的立场，广东咨议局曾请广东当局收回成命，但广东当局答复先召开股东大会，再作决定。6月6日，商办广东粤汉铁路公司召开股东会议，以个人填写意见表的方式，投票决定是否支持官方收回。投票正在进行时，原粤路首任副办黄景棠，以粤路股东名义，倡议力争继续商办，建议股东们如力争不得，再另筹对策，建议董事局致电北京邮传部力争，并请粤督代奏皇上收回成命。他还建议董事会设立专门机构处理此事，通电外埠，联合湘鄂等省合力抗争，并说现在所投的征求意见表一律作废，不准打开票箱收表。黄的意见得到了不少人支持，投票表决因而流

① 20世纪50年代苏联专家曾参观此西关大屋，极赞赏其自然通风采光的建筑特色。但20世纪90年代，此西关大屋被拆除改建成多层住宅楼，船厅后也被重建，唯当年家庙仍存。

产。6月7日，商办广东粤汉铁路公司致电商办四川省川汉铁路公司，呼应保路斗争。同日，广州各报登载了股东大会力主抗争的情况。鉴于群情踊跃，加上詹天佑对黄景棠的默默保护，张鸣岐不敢抓捕黄景棠，只是强令他离开广州。6月17日，北京定下归还粤路股东办法：各股东股票先按票面价发还六成，余下四成换成国家新发的无利息股票，候路建成获利后，分期10年返还。但这种实际令股东损失很大的做法，受到股东们的坚决抵制。8月7日，因川督赵尔丰武力镇压请愿群众，四川保路运动发展成围攻成都的武装起义。为防出现类似四川的情况，9月3日，广东保路会转至香港成立。广东咨议局再次提请粤督，慎重处理粤路问题。9月24日，粤督张鸣岐严令各报不准刊登保路会的传单。翌日，各报不理张督禁令，照登保路会呈请广东咨议局建议书。同日，张督只得再发禁令。9月26日，粤督张鸣岐回复咨议局，答应十成退还股金，并承诺不借外债修路。但是又说，因为不能借外债，又要十成退还，北京的度支部[①]有困难，还要再商议。最后，因资金无法落实，以及辛亥革命爆发，张鸣岐逃亡香港，收路之事，不了了之。

1911年11月9日广东独立后，黄景棠回到广州。他一度被革命党人聘为“都督府九等顾问员”，但由于他失去了以往参政的热情，加上革命党人对这些清末绅商失去兴趣，因而没有继续在政治方面作出贡献。

① 相当于财政部。

詹天佑外甥孙徐剑海认证詹天佑广州十二甫故居

整理者按：詹天佑外甥孙徐剑海，是詹天佑四姐詹和仙的外孙。詹和仙只比詹天佑大三岁。在詹家众兄妹中，詹天佑紧接着詹和仙出生。两人关系非常亲密，詹天佑到北方修路回广州时，还曾买了铜暖手壶送给四姐和仙。徐剑海儿时曾多次随外婆来十二甫探亲戚，外婆曾指认自己小时候与詹天佑一起居住过的家居，他对这里的水月宫和涌、桥等标志物印象深刻。1995年12月15日，徐剑海先生与广州市文管会、荔湾区地方志办公室、荔湾区文化局等部门，往广州西关十二甫认证詹天佑故居。下面是认证行进过程中的录音记录：

（从十二甫一直走向水月宫旧址）詹文彪[①]的房子是坐海（涌）向山（陆地）的。就是这一列这样的。它的后面就是柳波涌。（指着沿途的一些屋子）这是原来的大屋，这是后来才有的。我以前来这里时还没有的。至于哪里是詹文彪的屋子，要认一认方向才知。（沿路再指一些青砖房子）这些是旧时的房子。（走到原水月宫处指着）这就是水月宫了。（然后走向正对水月宫正门的一个路岔口，指着正站立处的与水月宫平行的下水道渠箱）这原来就是柳波涌，柳波桥就是我站着的这个位置，是一条石桥。是横跨涌过来的，正对着观音庙（水月宫）。詹文彪的房子就在那后面（指着涌拐弯处）。（再向南走上前一个岔口，指着蓬莱正街）以前是从这条路过来的。这条路直通黄沙修元精舍的。以前，我外婆是扎脚的，拿着把油纸伞，从这边坐“鬼棚尾”[②]的“竹轿”[③]过来。我外婆大约在我七八岁时，就带我来过这里了。詹文彪家嫁女时，我最记得。詹文彪家的后墙就是柳波涌，没有门。有些窗口，常常从窗口吊下篮子，买些水果什么的。到现在已经有七十多年了。今

① 詹文彪是詹天佑侄，原住詹天佑爷爷住过的房子。詹文彪曾在1919年7月27日广州举行的詹天佑追悼会上，以亲戚身份作答谢发言。

② 当时沙面西部江边一带的民间俗称。

③ 指小艇。

年我八十六岁。今日来这里就多些收获了。知道以前是从这边（指着蓬莱正街）来的。（走回原石桥位置，正指水月宫旧址）这样过了座石桥，就到观音庙（水月宫）了。我画的图上写的“柳波桥对水月宫”，就是这个意思。（沿着已是渠箱的涌面向南行走）詹文彪的屋子的后栏就是这条涌了。没多远了。（指着左边一些房子）以前，他的家有很多嫲姐[①]，经常吊下篮子，到涌边买番薯、芋头之类的。当时，这里常有叫卖声。来探访詹文彪一家，是不需要经过詹天佑家的。那边才是詹天佑家（指向十二甫西北面方向）我外婆时常跟我说起舅公[②]住在芽菜二巷[③]那边怎样怎样的。（詹文彪家后栏）大约是这里了。（指着涌的拐弯处，又再往前走）不，还没到拐弯处，没这么远。可能是这里了。（约在十二甫西街17、19号后座）。（走到水月宫前）水月宫就是观音庙，观音庙是俗家叫法。这显然是水月宫，两边有刨台，台边还有麒麟什么的。显然就是庙宇。我外婆常常跟我说：“舅公就住在那边。我做女儿的时候，也住在那边。”（指向十二甫西街34号与42号间的巷口方向。走向这个巷口，指着一些屋墙）这就是原来有的屋舍拆下的。再过去那边看看。这里是芽菜二巷吧！房子有两间，一间有门向巷口，一间正门对着街。位置是这里了。（指了指巷）也不知道这是一巷或是二巷。都拆平了，很难认了。以前有芽菜一巷、二巷、三巷、四巷。（走过十二甫西街50—60号以北处），不是这里，这里已有大屋。那间有趟栊的，就是以前的大屋了。（再指向十二甫西街34号与42号间的巷口处）这里才是平民居。他家是平民，不是有钱人家。一定是这里了（指着42号）。这一间就有一个门向着巷，向着水月宫。（指着42号的墙）这片墙一定是拆剩的。这里是有两间房子合在一起的吧。是这间了。以前，外婆有很多东西告知我，说经常拿些袜底来攥的。（指着42号）这是以

① 指女仆人。

② 舅公指詹天佑。

③ 经查市房产档案馆民国地图，今丛桂路未开马路前的名称是“芽菜巷”。丛桂路与十二甫南北向段是相邻且平行走向。由芽菜巷通往十二甫的小巷应就是徐剑海所说的芽菜一巷、二巷、三巷等。

前的墙，砖的样子不是这样的。这些窗子是原来的。房子大约也这么高。瓦面也是这样的。（之后，在此留影留念）

（沿着来路往回走回丛桂路，边走边指一些房子）这些都是西关大屋。屋檐上还有雕花。以前来时，丛桂路已经开辟了马路了。詹文彪的房子正门在这里吧。以前，这一列都是西关大屋，有大院。门对门都是大屋。有轿子出入。间间都有轿厅。一边是门房，一边是轿厅。门房常有老人家看门，拉趟栊。先生、少爷、少奶等，都在此出出入入。以前，还有很多盲妹沿街卖唱。一边走，一边由一些老人牵着，“有嘢唱”地满街叫，喜欢的大屋就叫她唱。

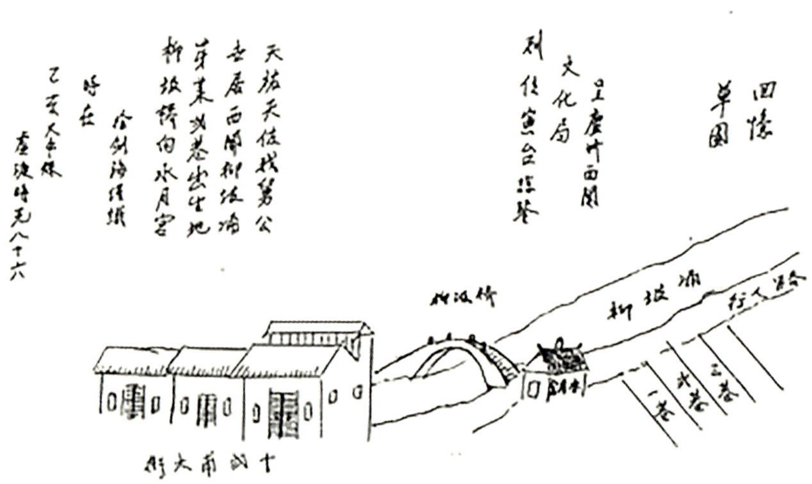

詹天佑外甥孙徐剑海回忆詹天佑十二甫故居图

英国学者皮特·柯睿思到詹天佑故居纪念馆交流

2018年3月20日和2019年2月13日，英国学者、《关内外铁路》一书作者皮特·柯睿思（Peter Crush）先生，两次亲临广州十二甫詹天佑故居纪念馆参观，并与该馆管理人员和主管单位荔湾区地方志编纂委员会办公室领导及有关人员进行了学术交流。

英国学者皮特·柯睿思参观广州十二甫詹天佑故居纪念馆

2018年，柯睿思先生向十二甫詹天佑故居纪念馆赠送了如下礼物：

他自己的中国关内外铁路史中英文专著《关内外铁路》（新华出版社，2013），内有相关詹天佑的史料记述。

1914年英国出版的塔尔博特（F. A. TALBOT）著的英文史书《世界铁路奇迹》卷二（*RAILWAY WONDERS OF THE WORLD Vol. II*），为原版书。内有一章专讲詹天佑修筑的京张铁路，标题是《一条了不起的中国铁路》（*A Wonderful Chinese Railway*），副标题是“完全只由中国人自己投资、建造、运营的第一条铁路运输线”（*THE FIRST LINE TO BE*

FINANCED, BUILT, AND OPERATED SOLELY BY CELESTIAL EFFORT）。

1925年1月号英文月刊《远东时报（财经，工程，商业）》（*THE FARE EASTERN REVIEW FINANCE, ENGINEERING*, COMMERCE. January, 1925），为原刊。

《远东时报》选录：含1909年11月号，1910年6月号，1911年12月号，1912年1月号，1912年9月号，1924年1月号，1925年1月号；上述月刊的一些文章。（复印件）

《火车头杂志》（*The Locomotive Magazine*）1916年1月号，文章选录。（复印件）

《工程师》（*THE ENGINEER*）杂志，1914年8月号，连载文章《铁路在中国》（*RAILWAYS IN CHINA*）选录。（复印件）

1894—1905年《编年史与名录》（*CHRONICLE & DIRECTORY*）年刊（对中国、日本、印度、英属海峡殖民地、马来亚联合邦、暹罗、荷属印度、婆罗洲、菲律宾等地区）文章选录（内有詹天佑的相关记载）。（复印件）

《铁路公报》（*RAILWAY GAZETTE*）1911年9月29日刊文章选录。（复印件）

京绥铁路（Peking Suiyuan Railway）英文宣传单张，两面复印件。

商办广东粤汉铁路有限总公司股票的正面、反面，以及放大了的股票上面的地图。（复印件）

19张清晰专业照片：16张为北京—张家口—绥远铁路专用火车头照片；2张为京张铁路风景照；1张是印在1909年11月《远东时报》月刊上的詹天佑照片。

为詹天佑申请成为英国土木工程师会成员的相关资料。（复印件）

1912年1月《远东时报》刊登的巴尔威机车中文广告。（复印件）

1905—1925年间不同期的《远东时报》期刊上提到的中国官员身份辑录。（复印件）

皮特·柯睿思先生的研究记录，很有说服力地解决了近年国内学者对于詹天佑何时成为英国土木工程师学会成员的争议。詹天佑显露出过人的技术才华是在19世纪90年代初负责督修古冶至滦州线路期间。其中的跨越滦河铁桥建造工程因利润丰厚，金达让英国人喀克斯承包。但由于滦河水文变化复杂，喀克斯竟无法完成桥墩筑造。于是，金达把这艰难任务交给詹天佑。詹天佑接受任务后，先调查了滦河的水文情况。该河平时水流平缓，但雨季时则常有山洪暴发，造成打桩困难。詹天佑首次引入国外的“气压沉箱法”技术建造桥梁基础，一举成功。气压沉箱法是将密不透水的无底巨箱，盖往河床上，把压缩空气灌入箱中，至箱内气压与河底水压相同时，箱内便没水，露出河床岩石，这时便可把混凝土灌注至箱内，形成坚实的大桥桥墩基础。该桥有61米钢架梁5孔，30.5米钢架梁10孔，9.1米钢架梁2孔，是较大型的桥梁。英国土木工程师学会闻知此事，即于1894年3月吸收詹天佑为该会会友。而近年，有些学者把这“会友”，说成是正式会员。柯睿思先生引用了英国土木工程师学会的有关詹天佑申请入会的存档记录，很有说服力地回答了这一争议问题：1893年11月10日，为詹天佑申请的是准会员（Associate Membership，也可译作“会友”“预备会员”“助理会员”。詹天佑家谱上写的是“会友”），这是由英国工程师金达（Claude W.Kinder）提议的，支持提议的有里基特（Poyntz Ricketts）、鲍戴奇（H.C.Bowdage）、塔克（T.W.T.Tucker）、纽森（F.W.Newson）、丘奇沃德（G.D.Churchward)、穆尔黑德（R.B.Moorhead）等。1909年詹天佑主持修筑的干线京张铁路通车，为詹天佑申请转为英国土木工程师学会正式会员（full Membership）的时间是1910年6月10日，提出和支持提议的有里基特、赫茨（A.C.Hurtzig）、伯金（W.M.Bergin）、里格比（Edw.H.Rigby）、纽马奇（L.J.Newmarch）、查米尔（George Chumier）、格罗夫（Frank Grove）、利奇（W.O.Leitch）、塔克（T.W.T.Tucker）和金达。詹天佑获得该会正式会员证书的时间是1911年7月。

2018年3月20日皮特·柯睿思先生来馆交流时，刚好詹天佑的三位曾孙女詹佩霞、詹欣、詹荣也来到十二甫詹天佑故居纪念馆参观，她们一起参加了交流活动并合照。

2001年4月24日，由广州名城办公室、荔湾区人民政府联合竖立的由雕塑大师潘鹤设计的詹天佑像，坐落在昔日詹天佑曾工作过的商办广东粤汉铁路总公司旁

附录：詹天佑大事年表

1861年4月26日　生于广州城外西关十二甫（当时该地属南海县捕属管辖）。

1872年5月5日　被选拔为留美幼童后，由香港乘船到达上海，在幼童出洋肄业局学习。

1872年8月12日　随出洋肄业局委员陈兰彬和首批留美幼童，乘轮船离开上海，赴美留学。

1872年9月底　到达美国麻省春田城，后被分派到康涅狄格州威士哈芬（West Haven）学馆（外国学生预备学校）学习。寄宿于诺索布校长家中。

1876年2月　考入纽哈芬（New Haven）希尔豪斯高级中学学习。

1878年6月　考入耶鲁大学谢菲尔德理工学院学习。

1880年6月　考取第一班，学习土木工程、铁路工程专业。

1881年6月　大学毕业，成绩优异。但因清廷顽固派作梗，全部留美学生被提前遣返回国，失去原定的在美实习期。

1881年8月　奉命登上返国行程。

1881年12月至1882年7月　在福州船政局后学堂学习轮船驾驶，毕业考取一等第一名。

1882年12月至1884年1月　在“扬武”号兵轮船实习。

1884年2至9月　被调任福州船政局担任学堂教习。

1884年10月　被两广总督张之洞调回广州。

1885至1888年　在广州黄埔长洲岛上的广东博学馆（后改为广东水陆师学堂）担任英文教习，并负责海岸线图测绘工作。

1888年　任天津中国铁路公司帮工程司（助理工程师），负责塘沽到天津铁路铺轨工程。

1889至1890年　任天津中国铁路公司帮工程司，修建唐山至古冶铁路。

1891至1894年　任天津中国铁路公司帮工程司，修建古冶至山海关铁路。其间用气压沉箱法修建滦河铁桥桥墩基础成功，被推荐为英国土木工程师学会会友。关外铁路修至中后所（绥中）。

1895至1897年　任北洋官铁路局帮工程司，率队测量、修建津卢铁路。

1898至1899年　由官办关内外铁路总局帮工程司，晋升为锦州铁路驻段工程司，修通中后所（绥中）至锦州铁路。

1899至1900年　修通沟帮子至营口铁路支线。

1901年至1902年8月　因八国联军侵入，关外铁路停筑。被派往萍醴办理铁路修建事宜。

1902年9月　被派参加自俄手中接收关外铁路工作。主持修复工程，恢复通车。

1902年10月至1903年春　任新易铁路总工程司。

1903年9月至1904年春　回广州奔父丧。勘测潮汕铁路，后因此路修建权操控在日本人手中，毅然离去。

1904年夏　在上海任中国铁路总公司工程顾问。

1905年春　被派调查道清铁路。

1905年5月至1909年　在官办京张铁路任总工程司兼会办局务，后升为京张铁路总办兼总工程司。兼任商部路务议员，建议全国采用1.435米标准轨距，推广使用姜氏自动挂钩。因筹划京张铁路功著，兼任邮传部二等顾问官，加二品衔。京张铁路通车，升任邮传部丞参候补。被推举为美国土木工程师学会会员和英国皇家工商技艺学会、英国北方科学与文艺学会会员。筹划展筑张绥铁路；任商办川汉铁路总工程司兼会办，在宜昌主持开工典礼。

1910年　获颁工科进士学位。到北京兼任学部一等咨议官和归国留学生主考官。指导修筑川汉、张绥等多条铁路。

1911至1912年　被批准为英国土木工程师学会正式会员。任商办粤汉铁路总公司总理兼总工程司，在广州创办广东中华工程师会，被选为会长。在广东粤汉铁路总公司会见前来视察的孙中山。任粤汉铁路会办、汉粤川铁路会办。任中华全国铁路协会评议员。被英国混凝土学会吸收为会员。获民国政府颁发三等嘉禾奖章。

1913至1915年　任交通部技监兼汉粤川铁路会办，后升任汉粤川铁路督办（此职位一直任至1919年去世）。促上海、广州三学会合并，建立中华工程师会，被选为首任会长。1914年获民国政府二等嘉禾奖章。兼任中华工业会名誉会长，被吸收为英国铁路学会会员。1915年，中华工程师会改称中华工程师学会，詹天佑仍被高票选为会长。

1916年11至12月　兼任交通部交通会议副议长，主持通过统一路政决议案。获颁香港大学荣誉法学博士学位。

1917至1918年　兼任交通部铁路技术委员会会长及交通研究会会员、交通丛报社名誉社长等职。获民国政府二等宝光嘉禾奖章。

1919年2至4月　以中华工程师学会会长名义，致电出席巴黎和会的中国代表团，并在《申报》发文呼吁，坚决反对列强统一管理中国外资修筑铁路，粉碎了英、法、美、日等国妄图共管中国所有外资修筑铁路的图谋。受命作为中国工程技术人员，代表中国赴海参崴，参加国际联合监管俄控中国东省铁路和俄国远东铁路工作会议，极力维护中国铁路主权。

1919年4月18日　会议期间因腹疾回到北京，面见徐世昌总统，报告工作情况，并请假回武汉医治。

1919年4月24日　在武汉逝世。